사랑에 둘러싸여

Surrounded by Love: Seven Teachings from Saint Francis
Copyright ©2018, Murray Bodo, OFM. All rights reserved.
Published by Franciscan Media

사랑에 둘러싸여

서울대교구 교회인가 | 2024년 3월 11일
초 판 | 2024년 4월 22일

지은이 | 머레이 보도
옮긴이 | 이상호

교정교열 | 조선희
표지 내지 디자인 | 박선영

펴낸이 | 김상욱
만든이 | 이상호
만든곳 | 프란치스코출판사(제2-4072호)
주 소 | 서울 중구 정동길 9
전 화 | 02-6325-5600
팩 스 | 02-6325-5100
이메일 | franciscanpress@hanmail.net
블로그 | https://blog.naver.com/franciscanpress
인 쇄 | 유진보라

ISBN 979-11-93541-03-6 03230
13,000원

사랑에 둘러싸여

머레이 보도 지음 | 이상현 옮김

프란치스코출판사

한국논리학회

감사의 말

저의 애독자들인
주디스 에머리Judith Emery,
수잔 세인트 싱Susan Saint Sing, 존 피스터Johe Feister와
성공회 프란치스칸 3회 윌리Willy 형제의
소중한 제안에 감사의 마음을 전합니다.
또 이 책의 기반이 된 기조연설을 부탁하신
미주 성공회 3회 100주년 기념 대회
주최자들에게도 감사드립니다.
마지막으로 프란치스칸 미디어의 편집자인
다이안 엠 후덱Diane M. Houdek과
이 책을 출판하는 데 참여한 모든 분,
특히 이 책뿐 아니라 제가 수년 동안 쓴 모든 책의
디자인과 표지를 맡아 꾸며준
마크 설리번Mark Sullivan에게 감사드립니다.

차례

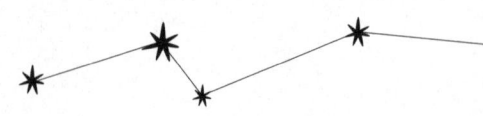

감사의 말 5 / 서문 8 / 들어가며 13

첫 번째 가르침
하느님 강생의 충만이신 예수 그리스도 21

두 번째 가르침
복음적 가난의 역설 47

세 번째 가르침
복음을 살기 67

네 번째 가르침
가서, 하느님의 집을 수리하기 91

다섯 번째 가르침
평화 만들기 111

여섯 번째 가르침
하느님의 집인 모든 피조물 129

일곱 번째 가르침
겸손한 찬미와 하느님 섬김의 기쁨 167

가르침 중의 가르침
사랑 193

약전 222 / 약어 228 / 미주 229

서문

거의 80년 전 급성장하던 청소년기에 길을 잃고 혼란스러워하던 나에게 예수님은 성 프란치스코Francis를 형제이자 친구로 주셨고, 나는 이 거룩한 탐구Holy Quest의 모험을 떠나기 위해서 내가 몰두하던 관심사를 바꾸기 시작했다. 그것은 프란치스코가 태어나고 어린 시절을 보낸 성벽으로 둘러싸인 도시 아씨시Assisi 동쪽의 수바시오Subasio산을 오르는 것이었다. 나는 그 거룩한 산을 바로 올라가리라 착각했는데, 그것은 먼저 높은 산 중턱의 도시 아씨시에서 나병 환자들이 사는 산 아래 평원으로 내려가기로부터 시작되었다. 그 은유는 때로 처음에는 함께 살기가 쉽지 않지만, 참으로 사랑한다는 것이 무엇인지 가르쳐주는 사람들 가운데서, 우리가 이 힘든 현실을 살아가는 방법을 배워야 한다는 것을 의미했다.

우리는 영적 경험의 정상에서 사는 것이 이상이며 꿈이라는 것을 배워야 하고, 먼저 우리와 이상이 같지 않거나 다른 면이 있더라도 다른 사람들과 평화롭게 사는 것을 배워야만, 하느님과 일치하는 산에 오르기를 희망할 수 있다. 이것이 바로 프란치스코가 토스카나Tuscany의 숲이 우거진 신비스러운 산 라베르나La Verna에 올라가기 전에 해야 했던 일이다. 그곳에서 그는 그리스도의 거룩한 오상을 받았다. 예수님도 먼저 하늘에서 내려와 우리와 함께 사시다가 올리브산에서 하늘로 오르심으로써 그렇게 하셨다. 오르기 위해 아래로 내려가는 것은 예수님의 발자취를 따랐던 이 비범한 사람의 발자취를 따르려고 내가 어린 나이에 집을 떠나서 오랜 세월이 흐른 지금에 이르기까지 성 프란치스코에게서 배운 것이다. 그와 함께 하느님께 가는 여행을 시작한 지 몇 년 후, 나는 프란치스코와 함께하는 이 여정을 시로 읊었다.

프란치스코가 알려준 천국을 여는 방법

내가 어렸을 때는
별빛 뒤에서 천국이 시작된다고 생각했다네
커튼처럼 가린 어둠을 끌어당기는 비밀의 끈이 있어야
하느님 계신 천국을 볼 수 있다고 생각했다네

평범한 소년이었던 내게 성 프란치스코는
원수의 손이 구겨졌다는 말로
찬란한 천국을 여는 암호를 알려주었다네

천국 문을 여는 숨겨진 손잡이는 바로 원수의 손이고
증오에 찬 눈이 영광을 향한 문이라고 알려주었다네

하지만 빛도 없는 미로가 무엇인지
내가 어떻게 알았겠는가?
구겨진 손잡이를 잡는 데 얼마나 걸릴지
손잡이가 돌아가기 전에 천국을 여행할 수 있을지
내가 어떻게 알았겠는가?

아래로 내려감으로써 올라가는 이 탐구를 시작한 지 70년이 지난 지금, 나는 프란치스코에게서 배운 것을 더 깊이 이해하게 되었다. 그리고 글을 쓰기 시작하면서 그의 가르침은 자연스럽게 7개의 숫자, 곧 완전함의 신비로운 숫자로 나타났는데, 이는 창조의 7일과 재창조 7일의 종교적 울림을 가지고 있다. 마치 노아가 방주에서 비둘기를 내보냈을 때처럼 말이다. 하지만 비둘기는 발붙일 마른 땅을 찾지 못하고 돌아왔다. 그다음 노아는 그 비둘기를 다시 내보냈다. 그리고 7일 후에 비둘기는 싱싱한 올리브 잎을 부리에 물고 돌아왔으니, 이는 땅을 덮었던 물이 빠졌으므로 이제 땅이 새로워질 것이라는 표지였다.

중세기 성 프란치스코의 시대에 7이라는 숫자는 일곱 주요 덕행과 칠죄종 그리고 가장 중요한 칠성사에서처럼 신성하고 신비로운 힘을 지녔다. 또 중세 문학의 정점인 단테의 『신곡』에는 불완전한 사람들이 천국에 들어가기 전에 죄와 죄의식의 영향에서 정화되기 위해 올라야 하는 연옥의 칠층산이 있다. 단테 자신은 먼저 지옥에 내려갈 때까지는 그 등반을 할 수 없었다.

그렇다면 성 프란치스코의 가르침이 숫자로 일곱이고, 이 가르침들은 서로 흘러 연결되어서 타인과 지구와 모든 자연을 경외하는 사람이나, 감각으로 지각할 수 없는 더 높은 존재를 인정하는 사람이라면 누구나 삶에서 실천하는 법을 배울 수 있는 영성을 개괄하여 보여준다는 것은 그리 놀라운 일이 아니다. 이 일곱 가르침은 길이요 목적지인데, 길은 변화됨이요 목적지는 하느님의 사랑으로 존재함이다. 이는 『신곡』이 희극이라는 의미에서 희극으로 끝나는 드라마, 곧 하느님에 의해 창조된 우리가 그분이 계획하신 여행을 거쳐 구원받은 자녀로 변모하여 하느님과 결합하는, 행복하게 마무리되는 이야기이다. 이는 사랑에서 사랑을 통하여 사랑으로 가는 여정이다.

들어가며

그를 존재 깊은 곳으로 데려간 것은 바로 하느님의 친밀감이었다. 더욱이 그는 혼자가 아니었다. 하느님은 그와 함께 계셨고, 온 세상과 함께 계셨다. 하느님이 그 안에 계시고 모든 피조물 안에 계시니 모든 것이 축복이었다.

프란치스코는 옷감 장수인 아버지 피에트로 베르나르도네 Pietro Bernardone와 프랑스 태생의 어머니 피카Pica 부인과 12세기 말에서 13세기 초 이탈리아의 아씨시에서 살았다. 그는 부자로 태어나서 기사 작위를 꿈꾸었고 우람한 말을 타고 전쟁에 나섰지만, 패배와 투옥으로 밑바닥에 떨어졌고, 수 세기에 걸쳐 수많은 군인과 전쟁 포로들이 겪은 운명의 흔적이 새겨졌다. 어떤 이들은 그 흔적을 오늘날 우리가 '외상 후 스트레스'라고 부르는 것, 곧 다윗이 굴에서 드린 기도인 시편 142편의 구절, "감옥에서 저를 빼내 주소서"를 부르면서 복음적 가난과 그의 주님이자 구원자이신 예수 그리스도와 친밀한 일치의 정상에서 영원으로 들어가기까지 프란치스코에게 평생에 걸쳐 영향을 끼친 경험이라고 말한다.

그와 그의 모든 추종자에게 하느님의 친밀함이 되신 분은 바로 예수님이었다. 왜냐면 예수님은 하느님과 가까이 계셨고, 지금도 그러하시기 때문이다. 그분은 죄 외에는 모든 면에서 우리와 같아지셨고, 우리 가운데 하나가 되시는 하느님이시다. 그분은 하느님 강생의 신비이신데, 우리 안에 하느님의 내재를 심화하는 성체성사의 성사적 은총을 통해 강생하신 하느님께서 우리 안에 현존하신다는 사실을 깨달은 프란치스코에게 강생의 신비는 더욱 깊어졌다.

성 프란치스코는 중세의 신학자가 아니라 지혜의 인물이었고, 말씀과 이야기, 의식을 사용하여 하느님이 어떻게 우리의 삶을 변화시키실 수 있는지를 보여준 지혜의 스승이었다. 이 일에서도 그는 다른 모든 것과 마찬가지로 우리 가운데 하느님의 충만한 신비인 예수님의 발자취를 따랐다.

〈육화의 경이〉는 성 프란치스코가 우리에게 남긴 첫 번째이자 중심이 되는 가르침이다. 그리고 그 핵심 가르침에서 여섯 가르침이 이어진다. 바로 〈복음적 가난의 역설〉과 그 가난이 어떻게 우리를 하느님과 결합하게 하고 우리 시대에 어떻게 〈복음을 살도록〉 인도하는지 말이다. 이렇게 복음을 사는 것은 〈가서, 하느님의 집을 수리하는 것〉으로 이끌고, 우리는 〈평화를 조성하면서〉 하느님의 집을 수리한다. 평화를 조성하는 것은 〈하느님의 집이 곧 모든 피조물〉이라는 깨달음으로 이끈다. 앞선 여섯 가르침은 모두 오르기 위해 내려가는 것을 포함한다. 그다음 때가 차면, 하느님의 모든 피조물을 끌어안고 섬김으로써 〈겸손한 찬미와 하느님 섬김의 기쁨〉 안에서 이러한 가르침에 대한 우리의 생활이 완성된다. 그러므로 이 기쁨은 상징적으로 낙원에 돌아가는 우리의 마지막 상승을 동반한다. 일곱 가르침 모두 하느님의 사랑에 뿌리를 둔다. 그래서 나는 〈가르침 중의 가르침, 사랑〉이라는 제목의 8장을 추가했다.

삶을 위한 이 단순한 지도가 오늘날 우리의 성마르고 분열된 세상에서 성 프란치스코에게 여전히 귀를 기울이고 그를 따르는 이유이다. 그의 가르침대로 살면 기쁨이 오는데, 이는 우리와 함께 사시고 모든 피조물 안에 계시는 하느님과 일치의 결과이다. 하느님은 피조물 안에 사시지만, 우주가 존재하기 전에 존재하신 창조주로서 피조물로부터 떨어져 계신다.

그러므로 성 프란치스코의 가르침은 신학이 되고 생활 방식이 된다. 그의 가르침은 하느님 안에서 살고 사랑한다는 것의 화신이자 〈참된〉 스승이신 예수님의 발자취를 따르려 노력하면서 그가 한 구체적이고 실천적인 선택에서 나온 신학이다.

성 요한이 그의 첫 번째 편지에서 말하는 대로, "여러분은 그분에게서 기름부음을 받았고 지금도 그 상태를 보존하고 있으므로, 누가 여러분을 가르칠 필요가 없습니다. 그분께서 기름부으심으로 여러분에게 모든 것을 가르치십니다. 기름부음은 진실하고 거짓이 없습니다. 여러분은 그 가르침대로 그분 안에 머무르십시오."(1요한 2,27)

이 그리스도, 이 기름부음이 성 프란치스코의 가르침에 관한 것이다. 그리스도는 하느님의 계시이다. 1255년 성 프란치스코 축일에 한 강론에서 성 보나벤투라Bonaventure는 그의 거룩한 사부 프란치스코에 대해 역설하면서 프란치스코는 하느님 계시의 진리를 배웠고, 그리스도의 가르침에 온 마음을 바쳤으며, 배운 바를 실천에 옮겼기에 그가 배운 것을 잊지 않은 참된 스승이라고 했다. 결국 프란치스코의 가르침은 그리스도께서 그에게 주신 진리를 듣고 따라 살기 위한 그의 선택과 실천에서 구체화하고 가시화된다.

이 책은 이러한 경험과 성 프란치스코의 선택을 탐구하고, 오늘날 우리가 그에 따라 행동할 때 우리를 갈라지게 하고 서로 증오하게 하는 부정적이고 미성숙한 "행동"에 대한 반작용에서 전개되는 교훈이 어떻게 귀결되는지를 보여준다. 성 프란치스코의 가르침은 우리에게 희망을 안겨주어 또 다른 미래를 상상할 수 있게 한다. 희망은 지금 우리가 있는 세상보다 더 긍정적이고, 더 사랑스러우며, 더 기쁨에 찬 미래를 상상하는 은총이기 때문이다. 성 프란치스코가 그의 형제들에게 말하곤 했던 것처럼, "우리는 지금까지 아무것도 한 것이 없으니, 선을 행하기 시작합시다."

첫 번째 가르침

JEsus christ

하느님 강생의 충만이신
예수 그리스도

프란치스코의 아버지 피에트로는 그가 어렸을 때 여러 달 집을 비우곤 했다. 아마 피에트로는 옷감을 사러 프랑스에 가 있었을 것이고, 그런 그를 프란치스코는 기다렸을 것이다. 프란치스코는 성 야고보San Giacomo 성문으로 나가 친구들과 놀곤 했다. 그러나 그것은 핑계에 불과했다. 사실 그는 성문에서 아버지와 하인들이 옷감 다발을 실은 노새를 타고 아씨시를 향해 달려오는 모습을 보고자 했다. 기다림은 오래 걸렸지만, 아버지는 항상 돌아올 것이기에 그는 기다리는 법을 배웠다.

하지만 이번에는 달랐다. 그는 페루자Perugia에 있는 바위 절벽의 깊숙한 지하 감옥에 갇혀 있었다. 그는 몇 달 동안 여기에 갇혀 마치 돌을 나르는 노예처럼 일하면서 줄곧 기다렸다. 그러나 아버지는 오지 않았다. 하루가 가고 또 하루가 지나갔다. 자신이 더는 기다리지 않는다는 것을 깨닫기 전에 계절이 두 번 바뀌었다. 그에게 무슨 일이 생긴 것이다. 그는 아버지가 오지 않을 것을 알고 있었다. 하느님처럼, 아버지는 아들을 그 자신의 운명에 내던졌다.

프란치스코는 악몽을 꾸기 시작했다. 꿈속에서 그는 아씨시의 성 야고보 성문 밖에서 아버지를 기다리며 놀고 있었다. 그러다 갑자기 멀리서 오는 아버지를 보고 손을 흔들며 "아빠, 아빠"하고 소리치기 시작했고, 성의 문지기들은 육중한 나무문을 열었다. 프란치스코는 기뻐서 펄쩍펄쩍 뛰며 조금씩 열리는 문틈을 비집고 들어가려고 했다. 마침내 문틈으로 들어간 그는 쇠창살 문을 내리겠다고 조롱하며 위협하는 문지기들에게 붙잡혀 몸부림쳤다. 그러다 도망쳐 나와 말에서 그를 부르는 사람들을 향해 달려갔고, 다음 순간 그는 속도를 내다가 마지막 힘까지 폭발하면서 갑자기 깨어났다. 그는 감옥의 어둠 속에서 비명을 지르고 있었고, 친구들은 그를 진정시키려고 애썼다. "진정해, 프란치스코, 괜찮아. 그건 꿈일 뿐이야!" 그는 자신이 여전히 갇혀 있다는 것을 알고는 차가운 돌에 등을 기대며 주저앉았다. 빠져나갈 길이 없었다.

끔찍한 밤이 시작되었다. 그는 두려움에 떨면서 벽에 등을 대고 있어야 했다. 그래야만 누구든지 자기를 해치려고 다가오는 사람을 볼 수 있었다. 그는 강박적으로 경계하게 되었다. 더는 안전하지 않았다. 하느님과 그의 아버지는 이제 존재하지 않았다. 적어도 하느님과 아버지는 그를 위해 존재하지 않았다. 그들은 거리가 있었고, 무관심했으며, 쓸모없었다. 동료 죄수들이 주위에 있었지만, 그는 혼자였다. 그들도 언제 그에게서 등을 돌리거나 심지어 자신을 공격할지도 모른다는 불안감에 밤낮으로 경계해야 했다.

유일한 위안은 몽상 속으로 후퇴하여 기사 작위에 대한 이전의 열정을 떠올리는 것이었다. 그는 붙잡혀 감옥에 갇히지 않았다면 되었을, 승리를 거머쥔 위대한 기사의 모습을 그려봤을 것이다. 기사다운 이상과 규범을 계속 살려야만 했다. 그는 자기 안으로 도피하여 상상 속에서 살기 시작했다. 상상은 이 모든 것이 바뀔 것이라는 희망을 줌으로써 패배하지 않는 방법을 보여주었다. 그는 마음의 눈으로 그것을 볼 수 있었기에 기뻤다. 그리고 동료 죄수들을 격려하기 시작했다. 언젠가는 성城과 귀부인, 원탁이 있을 거라고 상상할 수 있었기에 그는 다시 희망을 품게 되었다. 아서 왕은 그를 찾을 것이고, 아서는 그의 아버지와 부재중인 하느님을 대신할 것이다.

프란치스코가 감옥에서 보낸 시간을 상상한 이 장면은 그의 첫 번째 가르침을 위한 장면이다. 곧 겉보기에는 부재한 아버지-하느님이 당신의 아들을 보내 우리 가운데 살게 하시어 상상할 수 있는 하느님의 가시적인 현존이 되게 하셨다. 왜냐면 그분은 우리와 같은 인간이셨고, 그분의 이름은 예수이며, 프란치스코가 태어나기 천 년도 훨씬 전에 팔레스타인에서 사셨기 때문이다. 그리고 프란치스코는 하느님의 존재를 알고 하느님의 얼굴을 아는 것이 가장 필요할 때 그분을 만났다. 이 모든 일은 그가 마침내 페루자의 감옥에서 풀려나 상처받은 인간으로 아씨시에 돌아왔을 때 일어났다. 그 장면을 상상하자.

그는 풀려났고, 이제 자유롭게 됐으니 집에 가도 된다는 말을 들었다. 그는 꼼작도 하지 못한 채 서 있었다. 움브리아의 밝은 태양은 어둠에 익숙해진 그의 눈을 멀게 하고 아프게 했다. 그는 절뚝거리며 몇 걸음을 걷더니만 이내 아버지가 보낸 두 하인의 발치에 쓰러졌다. 그들은 마치 빈 자루인 양 그를 가볍게 일으켜 세우고는 나이 많은 사람이 말했다. "모두 당신을 기다리고 있어요, 프란치스코. 모든 사람 중에 특히 당신의 아버지 피에트로와 어머니 피카 부인이 기다리고 있어요. 그들은 당신을 사랑하고 당신이 마침내 풀려나 다시 가족에게 빛을 가져다줄 것이라는 행복으로 가득 차 있답니다."

"그런데 집이 어디에 있죠?" 프란치스코가 물었다. "아무도 저를 찾지 않았고 아무도 저를 풀어주려 하지 않았습니다. 저에게 집은 없고 거처만 있습니다. 그리고 저는 아버지의 거처로 돌아갈 것입니다."

남자들은 서로 안다는 듯한 표정을 지었다. 이런 언행은 프란치스코답지 않았다. 뭔가 나쁜, 이 끔찍한 곳이 그를 바꿔놓았다.

"괜찮을 겁니다, 프란치스코. 쉬면 됩니다. 시간이 필요해요." 젊은 남자가 말했다. "당신은 끔찍한 경험을 했습니다. 그들이 당신을 고문했나요?"

"아니요. 하지만 쇠사슬이 그랬고, 어둠이 그랬지요. 저는 많은 시간 어둠 속에 있었습니다. 그리고 동료들은 저주와 신음, 한밤의 울부짖음으로 상황을 더욱 악화시켰지요. 저는 그들을 격려하려고 애썼습니다. 그들을 위해 노래도 불렀습니다. 저는 그들이 계속 희망하도록 격려했습니다만, 아씨시에서는 아무도 우리를 찾아오지 않더군요."

그들은 이제 근처에 묶어둔 두 마리의 말을 향해 비틀거리며 천천히 걸었다. 프란치스코에게는 마치 불가능한 여행인 양 너무 멀게만 느껴졌다. 하지만 하인들의 안정된 부축을 받아 전쟁에 나가기 전 그가 가장 좋아하던 말에 도착했다. 그러자 하얀 어린 암말은 어린 기수를 알아보고 "힝" 하는 소리를 내며 고개를 흔들었다.

프란치스코는 떨리는 손을 말의 목에 얹었고, 나이 많은 남자는 그를 말에 태우고 나서 허리를 붙잡으라고 부탁하며 말에 올라탔다. 젊은 남자는 다른 말을 타고 길을 인도했다. 세 사람은 1년 전 프란치스코가 페루자 병사들에게 포로로 잡히던 날, 아씨시의 동료 병사들과 함께 걸었던 바로 그 길로 성 요한 다리Ponte San Giovani 근처의 콜레스트라다Collestrada 마을을 향해 천천히 말을 타고 갔다. 기사로 자처했던 그는 말馬도 없이 걸어야 했고, 패배하여 죽을 것으로 생각했다. 그것은 어떤 면에서는 죽음과 매우 흡사한 어두운 감옥이었다.

　이제 그는 그 무덤에서 나와 낯설고 위협적인 곳으로 가고 있었다. 예전의 자신처럼 행동해야 하지만, 그렇게 할 수 없다는 것을 알고 있었다. 그저 눈을 감고 자고 싶었다.

　그렇게 그는 마침내 아씨시에 도착했고, 그의 어머니와 아버지는 웃다 울었고, 울다 웃었다. 그는 침대로 데려가 달라고 하는 것 외에는 달리 대답할 수 없었다. 덧문도 닫아달라고 부탁하면서 아침이면 나아질 것이라고 말했다.

　하지만 그는 나아지지 않았고 기분이 더 나빠졌다. 말을 타고 꽤 먼 거리를 달렸다고 생각했다. 그저 자고만 싶었고, 그렇게 했다. 하지만 잠을 자면서도 악몽과 열에 시달렸다. 어머니의 사랑스러운 보살핌과 이전의 열정과 쾌활함으로 가득 찬 예전의 아들이 살아서 건강하게 그의 방을 나올 때까지 기다리는 아버지의 보기 드문 인내심에도 불구하고, 그는 매일 아침 자신의 두려움을 맛보았다. 아버지는 프란치스코를 자주 확인했고, 피카 부인은 음식을 가져다주며 방을 청소하고 환기했다. 그러나 프란치스코는 아버지와 어머니에게 고마움을 전하고 쉬게 해달라는 부탁 외에는 그들과 교류할 수 없었다. 그런 날이 매주, 매월 계속되던 어느 날 그는 두려움 없이, 사실 아무 느낌도 없이 아침에 눈을 떴다.

그런데 마침내 무언가가 변했다는 것을 느낀 그는 일어나서 동굴 같은 이 방을 떠나고 싶었다. 그래서 이제 막 걷는 법을 배우는 것처럼 창가로 걸어갔다. 조심스럽게 덧문을 밀어서 열고, 도시의 햇볕이 잘 드는 기와 너머를 기대하면서 바라봤다. 하지만 아무것도 느낄 수 없었다. 이전의 모험을 갈망하면서 새로운 날에 대한 기대로 가득 찬 채 잠에서 깨어났을 때의 기쁨도 경이도 경외감도 없었다. 그는 멍하니 풍경을 훑어보고는 무의식적으로 아래층으로 내려가 부모님이 애타게 기다리는 곳으로 걸어갈 수 있을 뿐이었다. 그들은 억지웃음으로나마 프란치스코를 무기력에서 깨우려고 애썼다.

그는 감정 없이 그들에게 입을 맞추고는 아버지의 말 중에서 하나를 타고 교외로 갈 수 있는지 물었다. 마치 주인에게 말 한 마리를 빌릴 수 있는지 묻는 것과 같았다.

그의 아버지는 열렬히 아들을 껴안았다. "그럼, 그렇고말고, 프란치스코! 골라보렴, 그것들은 모두 네 것이잖니. 타봐라, 프란치스코, 타 보렴!"

그래서 그는 매일 매일 그렇게 했고 점점 더 건강해졌다. 그러나 기쁨은 없었다. 그가 다시 군마를 타고 돌아온다면, 아마 그때는 다시 한번 모험의 쾌감을 느낄지도 모른다. 그리고 그런 일이 일어났다.

어느 날 그는 위대한 교황의 장군인 브리엔의 왈터Walter of Brienne가 아풀리아Apulia에서 군대를 소집하고 있으며, 교황의 군대에서 싸울 병력을 요청했다는 소식을 들었다. 그리고 드디어 프란치스코는 열정적으로 아버지 피에트로의 기쁨과 그 무언가에 응답했다. 그는 밤에 더 깊이 잠들었고, 악몽은 때때로 자신의 문장으로 장식된 방패가 성벽에 걸려 있는 것과 같은 영광의 꿈으로 바뀌었을 뿐 아니라, 그 방패는 실제로 프란치스코와 그의 추종자들을 위한 것이라는 음성을 들었다. 프란치스코는 그의 아버지 — 피에트로는 다시 "그의 아버지"가 되었다 — 가 군마와 갑옷을 대주는 즉시 아풀리아로 떠나기로 결심했다. 그는 여전히 기사를 꿈꾸었던 것이다.

초기 프란치스칸 연대기 작가들은 다음에 무슨 일이 일어났는지, 프란치스코가 어떻게 아씨시에서 단 하루 만에 스폴레토Spoleto 마을에 도착했는지, 또 그가 다른 꿈을 꾸고, 그 꿈에서 어떤 음성을 들었는지를 말하고 있다.

"프란치스코야, 주인을 섬기는 것과 종을 섬기는 것 중에 무엇이 더 낫겠느냐?"

"주인님, 네. 물론 주인입니다."

"그러하다면 어찌하여 너는 종을 섬기느냐? 아씨시로 돌아가라. 네가 무엇을 할지 알게 될 것이다."

그리하여 프란치스코는 그 음성에 순종하여 헛되이 다시 아씨시로 돌아왔다. 그는 전쟁에 나가기도 전에 집으로 돌아온 겁쟁이처럼 사람들을 의식하며 때로는 걷고 때로는 말을 타면서 교외를 떠돌아다녔다. 그는 말을 타고 타며, 또 탔다. 긴장되는 불안감을 가라앉히기 위해 말을 타고, 마치 감옥과도 같은 아씨시 성벽 안의 답답함을 느끼는 삶에서 벗어나기 위해 탔으며, 그를 실망하게 하지 않고 감옥에 가두지 않을 어떤 존재를 찾으려고 말을 탔다. 어쩌면 꿈속의 그 목소리가 다시 그에게 말을 걸어올지도 모른다. 어쩌면 그것은 단지 꿈이 아니라 망상이었는지도 모른다.

그리고 그 일이 일어났다. 끝없이 달리던 어느 날 그는 길에서 우연히 나병 환자를 만났고, 그 나병 환자에게 너무 가까이 지나치지 않으려고 말고삐를 옆으로 돌렸다. 그런데 말을 타고 지나가려다가 갑자기 마음이 움직여 고삐를 죄고 내려서 두려움과 혐오감을 이겨내며 나병 환자에게 걸어갔다. 프란치스코가 동전을 주려고 손을 뻗으려 할 때 나병 환자도 무엇인가를 기대하면서 자기 손을 내밀었다. 프란치스코는 그에게 돈을 주고 입을 맞추었는데 그 만남에서 뭔가 중대한 일이 일어났다고 느꼈다. 그의 마음은 변했고, 기쁨으로 가득 찼으며, 그 기쁨이 어디에서 오는지 알았다. 왜냐면 〈유언Testament〉에서 기록한 대로, 얼마 후 그는 나병 환자들이 사는 집으로 가서 그들과 함께 지내면서 "그들에게 자비를 베풀었기" 때문이다. 그는 마침내 그리스도를 만났다. 그는 그분의 얼굴을 알게 되었다. 그분은 부재하면서 존재하는 분이었고, 현존하면서 부재한 분이었다. 그러나 스폴레토의 꿈에서 들었던 음성이 그리스도의 음성이 아니라면, 그는 아직 그분의 음성을 듣지는 못했지만, 나병 환자들 가운데서 그분을 보았다.

얼마 후 아씨시 성문 밖 수바시오산 언덕 아래의 허물어져

가는 성 다미아노 San damiano 성당에서 기도하고 있을 때 그 목소리가 다시 들렸기에 그 목소리는 참으로 그리스도의 음성이었던 것으로 밝혀졌다. 프란치스코는 전에도 그곳에서 기도했지만, 아무런 소리도 들을 수 없었다. 그러나 이번에는 제단 위에 걸려 방치된 비잔틴 시대의 십자가 앞에서 이미 나병 환자에게서 만난 십자가에 못 박힌 그리스도의 상처받은 형상에 시선을 고정하고 기도하고 있는데, 갑자기 그리스도의 형상이 말하기 시작했다. 그 소리는 스폴레토의 꿈에서 들은 바로 그 음성이었으며, 그 음성이 이번에는 새로운 말씀을 그에게 주었다. "프란치스코야, 너도 내 집이 허물어져 가는 것을 보고 있지 않으냐? 그러니 가서, 내 집을 수리해다오."

그러자 처음에는 듣지 못했던 바깥의 매미 소리 말고는 사위가 다시 고요해졌고, 그는 기억의 방에 메아리치는 그리스도의 음성에 온 정신이 쏠렸다. 그는 그리스도께서 스폴레토에서 약속하신 대로 자신이 무엇을 해야 하는지를 그분께 직접 들었다. 그에게 임무가 주어졌다. 그는 하느님이 말씀하셔도 자신이 듣게 되리라 생각하지 않았고, 이 일은 그가 상상했던 모습도 아니었다. 하지만 충분했다. 그는 나병 환자에게서 하느님을 만졌고, 이제 성 다미아노의 먼지 덮인 십자가에서 말씀하시는 하느님의 음성을 들었다.

그는 재빨리 일어나 십자가에 못 박히신 그리스도의 형상에 깊숙이 절하고는 작은 성당에서 뛰쳐나왔다. 언덕을 서둘러 올라가 성문을 통과하여 아버지의 가게로 가서, 옷감 다발을 들고 말 위에 뛰어올라 이웃 마을인 폴리뇨Foligno로 달려갔다. 그곳에서 옷감과 말까지 팔고 다시 아씨시로, 성 다미아노 성당으로 힘차게 걸어갔다. 그리스도께서 친히 하라고 명령하신 대로 그곳에 사는 가난한 사제에게 돈을 주고, 그 돈으로 성당을 수리하라고 부탁할 작정이었다.

하지만 그 사제는 돈을 받지 않았다. 그는 프란치스코의 아버지인 부유한 옷감 장수 피에트로 베르나르도네가 두려웠기 때문이다. 또 정신이 나가서 이제는 하느님을 찾는답시고 가난한 성당을 떠돌아다니는 베르나르도네의 변덕스러운 아들에 관해서도 들은 적이 있었다. 그래서 프란치스코가 건네는 돈을 거절했는데, 프란치스코는 그 돈을 성당의 창턱에 던져 놓고는 성당을 직접 수리하기 위해 서둘러 언덕을 올라 아씨시로 가서 돌을 구걸했다. 이렇게 미친 노력을 기울여 성당을 수리하는 그를 가난한 사제는 그가 일하는 동안이라도 자신과 함께 머물 수 있게 했다.

부재는 존재로, 침묵은 음성으로 바뀌기 시작했다. 아니면, 그 음성이 그의 머릿속에만 있었을까? 아무렴 어떤가. 그 음성은 그를 행동하게 했고, 그의 삶에 긍정적인 일을 하게 했으며, 이후로도 프란치스코가 따를 방식이었다. 그는 신비로운 음성이든 성경 말씀이든 하느님의 뜻을 알게 되면, 즉시 그 뜻을 실천하려고 노력할 것이다. 그는 신학자들이 말하는 "헌신", 곧 하느님의 뜻을 실행하는 데 민첩함으로 가득 차 있었다.

그렇게 프란치스코는 변하기 시작했다. 그는 이제 그리스도께서 예상치 못한 장소와 사람에게서 발견된다는 것을 알게 되었다. 그는 하느님의 육화인 예수 그리스도의 인격 안에서 자신을 버렸다고 생각했던 추상적인 하느님을 경험했다. 그리고 자기 시대의 가장 소외되고 두려운 사람들, 나쁜 것 대신에 가장 큰 선이신 예수 그리스도를 가져다준 나병 환자들에게서 이 예수님을 경험했다. 나아가 이제 그는 이 그리스도의 음성을 들었다. 그 음성은 버려진 성당에서 십자가에 못 박힌 그분의 형상에서 비롯되었고, 프란치스코에게 삶의 임무를 안겨주었다.

작은 성 다미아노 성당의 실제 건물, 벽과 지붕 등을 수리하는 것은 육신의 작업이면서 동시에 보편 교회 자체를 수리하라는 은유였다. 이는 그가 인노첸시오Innocent 3세 교황에게 생활 규칙을 인준받기 위해 로마에 갔을 때 분명히 드러났다. 인노첸시오 교황은 생활 규칙을 승인하기 전날 밤 꿈을 꾸었는데, 전 세계 모든 성당의 어머니인 라테란의 성 요한 대성당이 무너지는 위험한 상황에 한 작은 거지가 어깨로 성당을 떠받쳐 무너지지 않도록 막는 것을 보았기 때문이다.

성 프란치스코의 첫 번째 가르침의 실제적인 결론은 우리가 기도하고 귀를 기울이면, 하느님께서 우리가 삶에서 무엇을 해야 하는지 보여주시리라는 것이다. 프란치스코의 생애에서 이 가르침은 하느님의 아들 예수 그리스도 안에 있는 하느님과의 친밀감과 관련이 있는데, 예수 그리스도는 먼저 나병 환자들에게서 발견되었고, 그다음에는 하느님의 거처를 수리하는 데서 발견되었다. 하느님의 거처는 우선 하느님의 성전이고, 그다음에는 믿음의 공동체인 그리스도의 신비체, 곧 교회이다. 후자의 재건은 프란치스코의 말에 따르면, 사람들에게 "자비를 베푸는" 일을 통해 인간관계를 회복하는 것과 관련이 있었다. 하느님은 계약궤 안에 머무르셨듯이 성전 안에서 머무르신다. 또 하느님은 예수 그리스도 안에서 처음 인간이 되신 것처럼 사람들 안에 머무르신다. 그리고 하느님은 우리가 그리스도의 신비체요 하느님 강생의 충만함인 교회라고 부르는, 믿는 이들의 모임 안에 머무르신다.

성 프란치스코의 지혜

당신 아드님을 통하여 저희를 창조하신 것같이, 저희를 사랑하신 참되고 거룩한 당신 사랑 때문에 참 하느님이시며 참사람이신 그분을 영화로우시고 평생 동정이신 지극히 복되시고 거룩하신 마리아에게서 태어나게 하셨으며, 또한 포로가 된 저희를 그분의 십자가와 피와 죽음을 통하여 구속하기를 원하셨으니, 당신께 감사드리나이다 (「비인준 규칙[1]」 23,2).

....

우리가 사랑과 순수하고 진실한 양심을 지니고 우리의 마음과 몸에 그분을 모시고 다닐 때 우리는 어머니들입니다. 표양으로 다른 이들에게 빛을 비추어야 하는 거룩한 행위로써 우리는 그분을 낳습니다 (「2신자 편지」 53).

성령으로 말미암아 신실한 영혼이 예수 그리스도와 결합할 때 우리는 정배들입니다. 그러므로 우리가 하늘에 계신 그분의 아버지의 뜻을 실천할 때 우리는 그분의 형제들입니다 (「2신자 편지」 51-52).

....

하늘에 계신 지극히 높으신 아버지께서는 당신의 거룩한 가브리엘 천사를 시켜 아버지의 이토록 합당하고 거룩하고 영광스러운 이 말씀이 거룩하고 영화로운 동정녀 마리아의 태중에 계심을 알리셨습니다. 그리하여 그 말씀은 마리아의 태중으로부터 우리의 인간성과 연약성의 실제 육肉을 받으셨습니다. 그분은 누구보다도 "부유하시면서도"(2코린 8,9) 당신의 어머니이신 지극히 복되신 동정녀와 같이 이 세상에서 몸소 가난을 택하기를 원하셨습니다 (「2신자 편지」 4-5).

....

그날은 축일 중의 축일이요, 그날에 하느님이 주먹만 한 아기가 되어 인간의 젖꼭지에 매달리셨다고 말하며, 프란치스코는 아기 예수의 탄생일을 어느 축일보다도 이루 말할 수 없는 기쁨 중에 보냈다. 아기 예수를 그린 그림을 만나면 그는 그리운 마음에 그 손과 발에 입을 맞추었고, 아기 예수에 대한 측은함에 가슴이 뭉클해서 마치 아기들에게 하듯이 예쁜 말들을 더듬거렸다. 아기 예수의 이름은 프란치스코의 입에 꿀맛과도 같았다 (「2첼라노²」 199).

....

내가 황제와 대화를 나눌 수 있다면 나는 그에게 하느님과 나에 대한 사랑으로 특별한 법을 제정하도록 간청하고 설득할 것입니다. 그 법은 이러한 것입니다. 어떤 사람도 종달새 자매를 사냥하거나 죽이거나 그들에게 어떤 해도 입혀서는 안 됩니다. 또한 모든 시장과 성읍의 영주는 의무적으로 사람들에게 매년 주님 성탄 대축일이 되면 도시와 성 밖 길에 밀과 다른 곡식들을 뿌리도록 명령해야 합니다. 이는 종달새 자매들과 다른 새들이 이 지극히 거룩한 날에 음식을 먹을 수 있게 하려는 것입니다. 그리고 그 밤 동정 마리아가 소와 나귀 사이에 놓인 구유에 누인 하느님의 아드님을 향한 공경심 때문에 소와 나귀를 가진 사람은 누구나 그들에게 아낌없이 좋은 여물을 주어야 합니다. 이와 마찬가지로 그날 모든 가난한 사람도 부유한 사람들에게서 맛있는 음식을 배불리 얻어먹어야 합니다 (「완덕의 거울³」 114).

살아 계신 하느님의 아드님, 그리스도께서

사제의 손 안에서

제대 위에 계실 때,

모든 사람은 두려움에 싸이고

온 세상은 떨며

하늘은 환호할지어다!

오, 탄복하올 높음이며

경이로운 공손함이여!

오, 극치의 겸손이여

오, 겸손의 극치여!

우주의 주인이시며

하느님이시고 하느님의 아들이신 분이

이토록 겸손하시어

우리의 구원을 위해서

하찮은 빵의 형상 안에

당신을 숨기시다니!

형제들이여, 하느님의 겸손을 보십시오.

그리고 그분 앞에 여러분의 마음을 쏟으십시오.

그분이 여러분을 높여 주시도록

여러분도 겸손해지십시오.

그러므로 여러분에게 당신 자신 전부를 바치시는 분께서

여러분 전부를 받으실 수 있도록

여러분의 것 그 아무것도

여러분에게 남겨 두지 마십시오(「형제회 편지」 26-29).

성 프란치스코의 성탄 시편

환호하여라, 우리의 도움 하느님께!(시편 81,2ㄱ) *

　기뻐 소리치며 "살아 계시며 진실하신 주 하느님께" 환호하여라(시편 47,2).

주님은 지극히 높으신 분 *

　경외로우신 분, 온 땅의 위대하신 임금이시기 때문이로다(시편 47,3).

세상이 있기 전부터 우리 임금이신(시편 74,12) "지극히 거룩하신 천상 아버지께서 +

높은 곳에서 사랑하는 당신 아드님을 보내시어"(참조: 1요한 4,19; 마태 3,17) *

　"복되신 동정 성모 마리아에게서 나게 하셨기 때문이로다."

"그는" "그분을" 불러 '당신은 저의 아버지' 하리니(시편 89,27), *

　"그분은" 그를 맏아들로, 세상 임금들 가운데 으뜸으로 세우셨도다

(참조: 시편 89,28).

그날 주님이 당신 자비를 베푸시니 *

　밤에 저는 그분께 노래 부르리이다(참조: 시편 42,9).

이날은 주님이 마련하신 날, *

　이날을 기뻐하며 즐거워하세(시편 118,24).

"지극히 거룩하고 사랑스러운 아이가 우리에게 주어졌기 때문이로소이다."(참조: 이사 9,5) +

"여관에는 그들이 머무를 곳이 없었기에 *

　여행 중에 우리를 위하여 태어나(참조: 이사 9,5) 구유에 눕혀졌나이다."(참조: 루카 2,7)

「수난 성무」, 성 프란치스코의 성탄 시편 1-7

두 번째 가르침

Poverty

복음적 가난의 역설

성 프란치스코의 두 번째 가르침은 하느님께서 우리를 찾을 수 있을 만큼 우리가 가난해질 때 비로소 우리는 하느님을 발견한다는 것이다. 하느님은 십자가에 매달린 사람처럼 힘이 없고, 손발이 묶인 채 때리거나 반격할 수 없는 겸손한 분이시다. 겉보기에 무력한 하느님의 그 비천한 가난이 가장 위대한 힘이며, 변덕스러운 인간의 마음을 포함하여 모든 것을 변화시키는 하느님의 무력한 힘의 신비이다.

사람들은 대체로 성 프란치스코를 동물의 성인, 새들의 성인으로 생각하거나 복음적 가난을 살기 위해 부와 권력을 포기한 가난한 거지로 생각한다. 그 두 가지 인상이 모두 사실이지만, 여기에서는 성 프란치스코의 가난에 대한 인상을 상상에 의존하여 밝히고자 한다.

프란치스코는 인간과 함께하시는 하느님의 방식을 알아듣기에는 자신이 너무 미숙하고 경험이 부족하다고 느꼈다. 그는 하느님 말씀의 인도가 필요했다. 그러므로 미사에서 선포되는 거룩한 복음을 들어야 했다. 그는 성체성사를 갈망하는 것처럼 하느님의 말씀을 갈망했다. 성체성사와 하느님의 말씀은 그를 살아 있게 하고, 그의 영혼에 영양을 공급했다.

그래서 그는 교외를 돌아다니면서 버려진 성당을 방문했으며, 할 수 있을 때마다 거룩한 미사에 참석했고, 성 다미아노와 아씨시 아래 평원에 있는 천사들의 성모 마리아의 작은 성당을 포함하여 두 개의 성당을 수리했다. 그리고 성 마티아 사도 축일에 천사들의 성모 마리아 성당에서 미사에 참례하던 프란치스코가 그날의 복음 말씀을 듣자 갑자기 불타는 칼이 그의 존재 깊숙이 꿰뚫는 것처럼 그를 치는 일이 일어났다. 그는 마음 안에서 말씀의 울림으로 인한 달콤한 고통 외에는 다른 어떤 것도 의식하지 못했다. 복음 말씀에서 그리스도께서는 설교하도록 제자들을 파견하시면서 그들이 설교 사명의 길을 어떻게 가야 하는지를 말씀하고 계셨다. 그들은 전대에 금도 은도 지니지 말아야 하고, 여행 보따리도 지녀서는 안 되었다. 그들은 여벌 옷도 신발도 지팡이도 지녀서는 안 되었다. 프란치스코가 이미 서 있지 않았다면, 일어서서 큰소리로 외쳤을 것이다. "이것이 바로 내가 원하던 것이다. 이것이 바로 내 온 정성을 기울여 하고 싶어 하던 바이다!"

그것이 프란치스코가 받아들인 생활양식인 가난한 삶과 가능한 적은 짐을 지고 복음을 전하기 위하여 세상의 길로 나아가도록 그리스도로부터 파견되는 사도적 생활의 시작이었다. 그것은 프란치스코의 첫 번째 동료이자 부유하고 존경받는 아씨시 시민인 퀸타발레의 베르나르도Bernard of Quintavalle가 프란치스코에게 와서 하느님께 봉헌된 삶에 동참하게 해달라고 부탁했을 때 더욱 뚜렷해진 생활양식이었다.

프란치스코와 합류하기 위해 무엇을 해야 하느냐는 베르나르도의 질문에 프란치스코는 그의 남은 생애에 계속해서 할 일을 하는 것으로 응답했다. 곧바로 그는 그리스도의 말씀을 들으려고 복음서로 눈을 돌렸다. 그리고 이것이 프란치스코와 베르나르도가 아씨시의 성 니콜라오St. Nicholas 성당에 가서 하느님께서 자기들을 밝혀주시기를 기도했을 때 복음에서 발견한 것이다. 사제의 인도로 그들은 복음서를 세 번 펼쳤는데, 첫 번째 펼쳤을 때 그리스도께서 그들에게 주신 말씀은 "네가 완전한 사람이 되려거든, 가서 너의 재산을 팔아 가난한 이들에게 주어라"는 말씀이었다. 그들은 기쁜 마음으로 책을 덮고 두 번째로 펼쳤는데, "길을 떠날 때에 아무것도 가져가지 마라"는 말씀이 주어졌다. 그들은 사랑으로 마음이 불타올라 마지막으로 책을 펼쳐서, 그리스도께서 그들에게 주신 다른 두 권고 안에 있는 말씀을 들었다. "누구든지 내 뒤를 따라오려면, 자신을 버리고 제 십자가를 지고 나를 따라야 한다." 프란치스코는 크게 기뻐하면서 베르나르도를 돌아보며 말했다. "이것이 바로 우리의 생활이고 우리의 회칙입니다." 그리고 베르나르도와 프란치스코는 아씨시의 광장에 있는 분수대로 가서 베르나르도의 모든 재산을 나누어주었다. 이것이 오늘날 우리가 "프란치스칸 가난"이라고 부르는 삶의 시작이었다.

모든 프란치스칸은 프란치스코와 베르나르도가 한 일을 따라서 하려고 노력한다. 성 프란치스코가 창설한 세 지체의 프란치스칸 남성과 여성은 곧 작은형제회the Friars, 가난한 클라라회

Poor Clares, 재속프란치스코회 Secular Franciscans를 말하는데, 이들은 아씨시의 성 니콜라오 성당에서 프란치스코와 베르나르도에게 주어진 프란치스칸 규칙과 생활을 실천한다. 그것은 예수께서 친히 행하신 일에 기초한 생활양식이다.

이는 겸손한 하느님이신 예수님을 본받는 생활양식으로, 사도 바오로가 필리피 신자들에게 보낸 편지에 따르면, 그분은 하느님의 모습을 지니셨지만, 하느님과 같음을 당연한 것으로 여기지 않으시고 오히려 당신 자신을 비우시어 하느님과 인간에게 순종하시고 십자가 죽음에 이르기까지 순종하신(참조: 필리 2,6-8) 분이다. 프란치스칸은 예수 그리스도의 〈케노시스 kenosis〉, 곧 자기 비움을 본받아 자기를 비우려는 사람들이다.

프란치스코와 베르나르도에게 이러한 자기 비움은 재산을 처분하는 것에서 시작되었다. 둘 다 부자였기 때문이었다. 그들은 사람을 행복하게 해줄 모든 것을 가졌지만 행복하지 않았다. 그들은 그리스도의 부유함을 받기에는 너무나 자아와 소유욕으로 가득했다. 겸손하신 하느님이 들어가 그들의 비움을 채우시게 하려고 그들은 그만큼 자신을 비워야 했다.

그리고 오늘날 프란치스칸이 되기를 원하는 모든 사람은

어떤 식으로든 자신에게 두 가지 질문을 던진다. "겸손하신 하느님께서 내 안에서 자리를 찾지 못하게 내가 꼭 붙들고 있는 것이 무엇인가?" 두 번째로 "성 프란치스코는 무엇을 했으며, 왜 그렇게 했는가?"이다.

나는 이 두 가지 질문에 대한 답은 회개 초기 그가 성 다미아노 성당을 수리하기 위해 돌을 구걸하면서 아씨시 거리를 돌아다니는 것에 아버지가 반응했을 때로 거슬러 올라갈 수 있다고 믿는다. 그의 아버지가 부끄럽고 엉뚱하다고 여기는 행동을 프란치스코가 멈추지 않자, 피에트로는 페루자 사람들이 한 것처럼 그를 집으로 끌고 와서 감옥에 가두었다.

이보다 더 상처를 줄 수 있는 처벌은 없었다. 그는 다시 공포에 휩싸였다. 그는 자기 집 안에 있는 좁고 폐쇄된 공간에서 벗어날 수 없었다. 그의 어머니 피카 부인은 그에게 음식과 물을 가져다주었고, 피에트로가 옷감을 사러 떠나자 사슬을 풀어 프란치스코를 놓아주었다. 그는 즉시 성 다미아노로 도망쳐 성당을 계속 수리했다.

피에트로에게는 그것이 마지막 지푸라기였기에 아씨시로 돌아온 그는 자신의 변덕스러운 아들에 대한 불만으로 시 당국에 프란치스코를 고발하여 재판하게 했다. 그러나 프란치스코는 자신은 이제 교회의 관할 아래 있으므로 주교 앞에만 출석할 것이라고 말하면서 출석을 거부했다. 그리고 그 일이 일어났다.

피에트로는 주교의 법정 앞에서 정당하게 자기의 돈과 재산을 돌려달라고 프란치스코에게 요구했다. 그런 다음 예술과 문학이 칭송하는 유명한 장면이 벌어졌다. 프란치스코는 아버지의 돈을 돌려주었을 뿐만 아니라 입고 있던 옷까지 벗어 옷감 장수인 아버지의 발 앞에 놓았다. 주교가 달려가 프란치스코의 벌거벗은 몸을 자신의 망토로 덮어주자, 프란치스코는 모든 사람이 듣도록 아버지에게 말했다. "이제까지 나는 당신을 나의 아버지로 불렀습니다. 그러나 지금부터 나는 거리낌 없이 '하늘에 계신 우리 아버지'를 부를 수 있습니다. 그분은 나의 모든 부富이니 나의 모든 신뢰를 그분께 둡니다."[4]

프란치스코는 아버지와 유산을 포기하고, 하느님을 그의 전부로 받아들였다. 이는 프란치스코가 우리를 사랑하기 위해 당신의 신성에 머물지 않고 우리 가운데 오셔서 당신 자신을 비우신 가난하신 그리스도 따름에 대한 분위기를 조성한, 충격적이고 급진적인 행동이었다. 그리스도의 자기 비움과 프란치스코의 자기 비움의 차이는 그리스도는 아버지께서 보내셨고, 아버지와 하나였다는 것이다. 프란치스코는 자신의 아버지를 거부하고, 그리스도의 아버지를 그의 아버지로 받아들이기로 선택했다.

그때가 바로 프란치스코가 그의 아버지와 그를 낳은 도시의 가치를 담고 있는 세상을 떠난 결정적인 순간이었다. 이제 그는 나병 환자들과 부와 특권과 자만심의 벽 바깥쪽에 사는 모든 버림받고 소외된 사람들에게 내려감으로써 세상을 떠났다. 그는 그리스도께서 하신 일을 하고 있었고, 죽음 그 자체라 해도 다시 일어나기 위해 내려가고 있었다. 그것이 프란치스칸 가난의 핵심, 곧 자기 비움, 강생에서 당신 자신을 비우신 그리스도의 자기 비움과 유사한 자기 비움이다.

프란치스코가 그리스도의 자기 비움을 알게 된 방법은 그가 나병 환자들에게 갔을 때였다. 그의 생애에서 이토록 비범하고 계시적인 시기에 대하여 그는 〈유언〉 첫 부분에서 자신의 체험을 강렬하게 요약한다.

죄 중에 있었기에 나에게는 나병 환자들을 보는 것이 쓰디쓴 일이었습니다. 그런데 주님 친히 나를 그들 가운데로 이끄셨고 나는 그들과 함께 지내면서 자비를 실행하였습니다. 그리고 내가 그들에게서 떠나올 무렵에는 나에게 쓴맛이었던 바로 그것이 도리어 몸과 마음의 단맛으로 변했습니다 (「유언」 1-3).

유언은 그의 마지막 날에 기록되었고, 그는 1226년 10월 3일에 귀천했다. 유언은 위와 같이 회고의 편지이고, 형제들을 위한 일련의 권고와 격려이며, 가난에 대한 호소이다. 심지어 형제들이 수도규칙에 서약한 가난에 맞지 않는 것으로 여겨지는 성당과 건물을 갖게 되는 것으로 바뀌었음에도 말이다. 그는 초라한 집이나 가난한 성당에서도 형제들이 항상 순례자와 나그네와 같이 손님으로 머무르기를 강조한다.

유언에 있는 권고들은 1219년 이집트와의 5차 십자군 원정에서 돌아와 1220년에 긴급히 소집한 수도회 총회 이래로 6년 후에 유언을 작성하기까지 그의 관심사가 무엇이었는지를 드러낸다. 〈유언Testament〉은 "계약" 곧 형제들이 서약할 때 하느님과 맺는 계약을 의미하기도 한다.

그가 성지에 있는 동안 어떤 형제들이 복음적 가난과 하느님께서 그에게 주신 원래 비전의 단순성을 배반하는 방향으로 수도회를 이끈다고 느꼈기에 프란치스코는 형제들에 대한 걱정에 온통 마음을 빼앗겼다. 프란치스코는 이집트에 있을 때 이러한 변화에 대해 들었다. 한 형제가 프란치스코에게 그가 없는 동안 무슨 일이 일어나고 있는지 알리기 위해 그곳으로 갔고, 프란치스코는 소식을 전해준 그 형제와 함께 베네치아Venezia에 상륙하여 이탈리아로 돌아왔다. 그런 다음 그들은 볼로냐Bologna로 갔지만, 프란치스코는 형제들이 새로 지은 학문의 집house of studies을 가까이하지 않았다.

    이듬해 아씨시에서 열린 형제들의 총회에서 프란치스코는 수도회 본연의 은사를 저버리는 형제들에게 강력하게 반대하면서 지체하지 않고 모든 형제의 봉사자요 종의 직책에서 사임했다. 수도회의 보호자이자 후에 교황 그레고리오 9세가 된 우골리노Hugolino 추기경이 총회에 참석했고, 유식한 형제들은 추기경에게 프란치스코가 수도회의 미래 방향에 관한 그들의 조언을 따르도록 설득해달라고 부탁했다. 그렇게 하면 그들의 수도규칙이 교회에서 이미 실천되고 있는 위대한 수도규칙들과 관행에 더 밀접하게 부합하리라는 것이었다.

프란치스코는 다 듣고 나서 우골리노 추기경의 손을 붙잡고 모여 있는 형제들 앞으로 모시고 갔다. 그런 다음 프란치스코는 자신의 모든 가르침의 핵심에 있는 말로 다음과 같이 말했다.

"나의 형제들이여, 나의 형제들이여, 하느님께서는 겸손과 단순의 길을 걷도록 나를 부르셨지, 다른 길은 가르쳐 주시지 않으셨습니다. 그러므로 나는 '성 아우구스티누스 수도규칙이다', '성 베르나르도 수도규칙이다', '성 베네딕토 수도규칙이다' 하는 소리를 듣고 싶지 않습니다. 주님께서는 내가 세상에서 새로운 바보가 되기를 바라신다고 나에게 말씀하셨습니다. 그분은 이 길 외에 다른 길로 여러분을 인도하기를 원치 않으셨습니다. 그리고 바로 여러분의 그 지혜와 유식함으로 그분은 여러분을 헷갈리게 할 것입니다. 나는 주님께서 당신 사자들의 손을 통해 여러분을 벌하시리라 믿습니다. 그래서 여러분이 원하든 원하지 않든 부끄러워하며 여러분의 길을 다시 걷게 될 것입니다."
추기경은 감탄했고 형제들은 아무 말도 하지 못했다.[5]

성 프란치스코의 이러한 말을 둘러싸고 그가 창설한 수도회 내에서 프란치스코의 수도규칙에 대한 해석, 특히 가난에 관한 해석뿐만 아니라 성 프란치스코 자신을 둘러싼 논쟁이 소용돌이쳤다. 그는 누구인가? 그의 삶에 대한 정확하고 진실한 이야기는 무엇인가? 이러한 논쟁은 13세기 말에 매우 격렬해져서 당시 수도회의 지도자이자 형제회 총회의 대표로서 성 프란치스코의 후계자인 성 보나벤투라는 프란치스칸 수도규칙을 해석하고 실천하기 위한 새로운 회헌의 초안을 마련해야 했다. 성 보나벤투라는 총회에서 이전의 모든 〈전기〉를 대신할 최종적인 성 프란치스코의 생애를 쓰라고 위임받았다. 그는 현존하는 자료, 특히 토마스 첼라노Thomas of Celano 형제의 두 생애와 다른 형제들도 증언했지만, 시간이 지나면서 레오Leo와 안젤로Angelo 그리고 루피노Rufino의 이름이 붙게 된 초기 형제들의 증언을 사용하여 이를 충실히 이행했다.

이 모든 활발한 활동은 프란치스칸 수도회에 일종의 일치를 가져오고 수도회의 창설자인 성 프란치스코의 생애와 저술에 대해 신뢰할 수 있는 설명을 하기 위해 착수되었다. 그러나 그리스도교 자체와 마찬가지로 창설자의 생애와 저술 및 메시지에 대한 다양한 해석은 우리 시대에도 계속되고 있다.

슬프게도 이처럼 다른 해석들은 형제들이 지키겠다고 서약한 가난의 의미와 실천에 대해 수 세기 동안 프란치스칸들에게 논쟁을 불러일으켰다. 내가 "슬프게도"라고 말하는 이유는 가난 자체가 '프란치스칸은 누구인가'의 중심이 아니기 때문이다. 예수 그리스도가 중심이다. 이는 곧 우리가 거룩함과 사랑 속에서 성장하는 데 우리의 인도자이자 이상으로 성 프란치스코가 듣고 살았던 대로 그분과 그분의 복음을 붙잡는 것이다. 누구의 해석이 유행하고 누가 성 프란치스코의 이야기를 하든 중요한 것은, 성 프란치스코의 가르침과 모범에 따른 우리의 생활이 우리를 그리스도와 하느님의 사랑에 더욱 가까이 데려가느냐에 있다. 성 바오로는 믿음과 희망과 사랑이 있는데, 그중에서 가장 위대한 것은 사랑, 우리가 자비라고 부르는 사랑이라고 권고한다.

그리고 가난에 관해서는, 그것이 물질적이든 영적이든 우리가 그것들을 지녔는지 아닌지가 아니라 그것들이 실제로 하느님의 선물일 때 우리가 그것들을 자신의 것으로 소유하느냐의 여부에 초점을 맞춰야 하는 것 같다. 성 프란치스코가 사용하는 용어인 〈appropriatio〉는 "전유"인데, 이것이 복음적 가난의 정신을 지녔는지의 본질이다. 재산이나 돈을 측정하는 방식으로 전유를 측정할 수 없다. 그것은 마음과 생각 그리고 영혼의 문제이다. 나는 하느님께 속한 것을 내 것으로 소유하는가? "내 재능, 내 생각, 내 형제, 내 의견, 내 차, 내 돈, 내…." 그리고 내가 이것들을 소유하고 있다면, 나는 얼마나 꽉 붙잡고 있는가? 죽음이나 생명을 가져오기 위해 내가 붙들고 있는 것에서 떨어질 것인가?

세상 것들과의 분리는 성 프란치스코에게 생명을 가져다주었지만, 그것은 또한 그를 새로운 종류의 바보로 만들었다. 우리는 자신에게 "아무도 성 프란치스코가 한 그런 극단적인 일을 받아들이지 않아. 그것은 미치고 어리석은 짓이야. 그의 은총은 정말 특별했어"라고 말한다. 물론 그것은 독특한 은총이었다. 그러나 프란치스코가 그의 생애가 끝날 무렵에 형제들에게 말했듯이, "나는 내가 해야 할 일을 했습니다. 주님께서 당신이 해야 할 일을 보여주실 것입니다." 그리고 주님은 하느님의 은총에 열려 있는 사람들에게 그렇게 하신다. 우리의 개별적인 응답은 고유하지만, 우리가 프란치스칸과 같은 종교적인 수도회에 속해 있다면 그것은 또한 공동의 응답이며, 우리는 모두가 동의할 수 있는 응답의 공통점을 찾으려고 노력한다. 그 투쟁은 자비와 사랑이 들어가는 곳이며, 바라건대 차이를 극복하는 곳이다.

성 프란치스코가 창설한 수도회의 회원이 아닌 사람들을 위해 프란치스칸은 부유한 사람이나 가난한 사람 모두에게 단순하고 가난하게 봉사하는 삶의 본보기가 되려고 노력한다. 프란치스칸은 물질적으로나 영적으로 가난한 사람들을 기억하고 그들에게 그리스도와 그분의 복음을 전하려고 노력한다. 또 그들은 아씨시의 프란치스코가 우리에게 완전한 하느님 중심의 삶을 살기 위한 지도로 준 삶과 생활규칙을 받아들인 형제자매로서 이것을 실행하려고 노력한다.

성 프란치스코의 지혜

복된 프란치스코는 자기 형제들에게 말하곤 했다. "자선에서 나는 도둑이었던 적이 없고 내게 필요한 것 이상을 청하거나 이용한 적이 없습니다. 다른 가난한 사람들이 그들의 몫을 빼앗기지 않도록 나는 언제나 내가 필요한 것보다 더 적게 받았습니다. 그렇지 않은 행동은 도둑질이기 때문입니다."(「완덕의 거울」 12)

....

형제들이 가난을 등지는 한, 세상도 그렇게 그들을 등질 것입니다. 형제들이 세상을 다시 구하겠지만 찾지 못할 것입니다. 그러나 그들이 나의 가난 부인을 포옹한다면 세상은 그들을 키워줄 것입니다. 왜냐하면 세상은 구원을 위해 주어진 그들을 보살펴야 하기 때문입니다(「2첼라노」 70).

가장 믿음직한 내조자요, 가장 부드러운 연인인 당신은 잠시도 그분을 떠나지 않았습니다. 더구나 그분이 누구에게서나 멸시받는 것을 볼수록 당신은 신의를 지키며 더욱 그분과 밀접한 관계를 유지하였습니다. 당신이 그분과 함께 있지만 않았더라면 그분이 그렇게까지 모든 사람에게 멸시받지는 않았을 것입니다.

유대인들이 그분에게 욕설을 퍼부을 때나, 바리사이들이 그분에게 모욕을 줄 때나, 대제사장이 그분을 저주할 때도 당신은 그분과 함께 있었습니다. 그분이 매를 맞을 때나, 침 뱉음을 당할 때나, 채찍을 당할 때도 당신은 그분과 함께 있었습니다. 모든 사람으로부터 존경을 한 몸에 받아야 했을 그분이 모든 사람으로부터 희롱을 당하였지만, 오직 당신만이 유일하게 그분을 위로해 드렸습니다. 당신은 그분이 십자가 죽음에 이르기까지(필리 2,8) 그분을 한 치도 떠나지 않았습니다. 그리고 십자가에 그분이 맨몸으로 달려 두 팔이 쭉 펼쳐지고 손과 발이 못으로 찔렸을 때, 당신은 십자가 위에서까지도 그분과 더불어 고통을 당했습니다. 그리하여 십자가상의 그분에게 당신밖에는 영광되이 현현된 것이 없었습니다. 그분이 하늘로 떠나가실 때 뽑힌 이들에게 날인할 인장을 당신에게 맡기셨습니다. 그 결과 영원한 하늘나라를 간절히 원하는 사람은 누구나 당신에게 와서 하늘나라를 애원해야 했고, 천국에 들어가려 해도 당신을 통해야만 되었습니다. 그 까닭은 당신의 인장이 찍히지 않은 사람은 아무도 하늘나라에 들어갈 수 없기 때문입니다(「가난 교제6」 20-21).

························

주교께서 그에게 말씀하셨다. "제가 보기에는 여러분들이 이 세상에서 아무것도 소유하지 않거나 지니지 않으면, 여러분들의 생활이 매우 어렵고 힘들 것 같습니다." 하느님의 거룩한 사람이 그에게 답했다. "주교님, 만약에 저희가 재물을 소유하게 되면, 그 재물을 지키기 위해서 우리에게 무기가 필요하게 됩니다."(「익명의 페루자」 3,17)

························

자기 의지를 자기 것으로 삼고, 자기 안에서 주님께서 말씀하시고 이루시는 선을 자랑하는 바로 그 사람은 선을 알게 하는 나무에서 열매를 따 먹는 것입니다(「권고」 2,3).

세 번째 가르침

GOspEL

복음을 살기

"저희에게 잘못한 이를 저희가 용서하오니"
그리고 저희가 완전히 용서하지 못하는 것을,
주님, 저희가 완전히 용서하게 해 주소서.
당신 때문에 원수를 참으로 사랑하게 하시고,
저희가 아무에게도 악을 악으로 갚는 일이 없이
원수를 위하여 당신 앞에서 열심히 전구하게 하시며,
당신 안에서 모든 것에 도움이 되도록 힘쓰게 하기 위함이나이다

(「주님 기도」 8).

성 프란치스코의 글과 초기 전기에서 그는 예수 그리스도의 복음에 의해 형성되고 알려진 사람으로 등장한다. 무슨 뜻일까? 프란치스코가 그랬던 것처럼 우리는 이 시대에 어떻게 복음을 살 수 있을까? 우리는 프란치스코의 재치와 아름다움 그리고

선함에 대한 그의 기쁨에 찬 응답을 즐거워하지만, 우리와 마찬가지로 그도 복음이 제기하는 더 어려운 질문과 씨름해야 했다. 이 장에서 오늘날 복음을 사는 것을 탐구하려는 까닭은 이러한 더욱 어려운 질문과 연관되어 있다.

세상이 어둠 속에 잠긴 듯 보이는 어느 추운 1월의 밤, 나는 기나긴 하루를 마치고 자리에 앉아 C-Span2, BookTV로 눈을 돌렸다. 나의 흥미를 자극하는 책 중의 하나는 제임스 H. 콘James H. Cone의 『십자가와 사형 나무The Cross and the Lynching Tree』였다. 이전에 들어본 적도 없던 그 책에 관하여 토론할 때 내 안에서 무엇인가가 깨어났고, 나는 몇 주 전에 참석했던 크리스마스가 얼마나 공허했는지를 보게 되었다. 나는 아기 그리스도와 프란치스칸이 강조하는 육화에 중점을 두었지만, 그동안 나의 기도와 상상을 채워 준 분은 성장하고 성숙하여 우리에게 산상수훈을 주시고, 그것을 사셨으며, 그 때문에 십자가 나무에 달려 죽임을 당한 아기가 아니라 감상적인 아기 예수님이었다. 나는 아기 예수님 때문에 헤로데 왕에게 살해된 아기들이 아니라 무수히 많은 요람에 있는 아기 예수님을 보고 있었다.

내가 경축한 크리스마스는 종종 세계를 지배하는 이기적이고 부패한 기업 제국을 지원해야 한다고 주장하는, 불완전하고 돈으로 부패한 정부를 지지하기 위해 집과 일자리와 존엄성을 잃은 수많은 사람의 절망과 맞먹는 광란의 상업주의 그 한복판에 있었다. 구유에 누워 계신 예수님과 십자가에 못 박히신 예수님 사이의 연관성은 마치 나무에 매달린 사람처럼 무색해지고, 때로는 우리의 탐욕과 이기심 그리고 가난한 사람들과 박탈당한 사람들에 대한 무관심이 만들어낸 세상에 의해 거의 지워지는 것처럼 보인다.

성 프란치스코는 구유에 누워 계신 분과 십자가에 못 박히신 분 사이의 연결을 보았다. 토마스 첼라노 형제는 『성 프란치스코의 생애』 제1생애에서 프란치스코가 이탈리아의 중심부에 있는 그레치오Greccio 마을 근처에서 시작한 생생한 성탄 구유에 대해 다음과 같이 말했다.

> 프란치스코의 가장 높은 지향과 주된 바람과 최고의 결심은 복음을 모든 것 안에서, 모든 것을 통하여 실행하는 것이었고, 조금도 한눈을 팔지 않고, 열의를 다하여 애타게 갈망하는 온전한

정신과 뜨겁게 타오르는 온전한 마음으로 우리 주 예수 그리스도의 가르치심과 발자취를 따르는 것이었다. 그는 끊임없는 묵상을 통하여 그리스도의 말씀을 되새겼고, 예리한 사고력으로 그리스도의 행적을 되새겼다. 〈육화의 겸손과 수난의 사랑〉이 특히 그를 사로잡았으므로 그는 다른 것은 생각하고 싶지도 않았다.[7]

위 인용문에서 토마스 형제는 성 프란치스코에 대해 이렇게 말한다. "그의 가장 높은 지향과 주된 바람과 최고의 결심은 복음을 …… 실행하는 것이었다." 이 복음은 바로 예수께서 말씀하신 착한 사마리아인의 비유에 나오는 사람처럼 강도당한 사람들에게 손을 내밀어야 하는 절박함을 거듭거듭 강조하는데, 이는 결국 우리 경제를 통제하는 세력과 구조 그리고 길가에 남겨진 많은 사람의 탐욕을 염두에 두도록 요구한다. 그러면 오늘날 우리는 어떻게 강도당한 사람들에게 다가가고, 강도들에게는 또 어떻게 다가가야 할까?

프란치스코는 회개 초기부터 진리를 듣고 진리를 말하는 것으로는 충분하지 않다는 것을 배웠고, 우리에게 가르쳤다. 말로는 절대 충분하지 않다. 그래서 우리는 스스로 묻는다. 무엇을 해야 하는지, 주로 정치적 흥정으로 끝나는 홍보 구호 그 이상의 방식으로 복음의 그리스도를 크리스마스로 되돌려 놓기 위해 우리가 무엇을 할 수 있을까? 어떻게 하면 우리가 그리스도의 이야기를 처음 배운 복음의 가르침을 실천할 수 있도록 복음의 그리스도를 우리의 일상생활로 다시 불러들일 수 있을까?

성 요한 복음사가는 진리가 우리를 자유롭게 할 것이라고 말한다. 하지만 그것이 무슨 뜻일까? 성 프란치스코는 자유로 이끄는 진리를 복음의 진리에서 찾았고, 그가 발견한 자유는 사랑할 수 있는 자유였다. 하느님의 진리는 우리에게 부여되는 진리를 파악할 수 있는 자유뿐만 아니라 이전에 우리가 그 진리에 따라 행동하지 못하도록 막았던 것으로부터도 자유를 부여한다. 복음 자체는 우리가 진리를 분별하는 방식뿐만 아니라 진리가 어떻게 우리가 사랑이라고 부르는 행동으로 이끄는지를 보여줄 것이다.

성 요한은 그의 첫째 서간에서 다음과 같이 말한다. "누구든지 세상 재물을 가지고 있으면서도 자기 형제가 궁핍한 것을 보고 그에게 마음을 닫아 버리면, 하느님 사랑이 어떻게 그 사람 안에 머무를 수 있겠습니까? 자녀 여러분, 말과 혀로 사랑하지 말고 행동으로 진리 안에서 사랑합시다. 이로써 우리가 진리에 속해 있음을 알게 되고, 또 그분 앞에서 마음을 편히 가질 수 있을 것입니다."(1요한 3,17-19)

토마스 첼라노 형제의 『성 프란치스코의 생애』 제2생애에는 가난한 사람을 위한 성 프란치스코의 돌봄을 보여주는 매력적인 이야기가 있다.

두 형제의 어머니가 성인에게 와서 신뢰심 있게 동냥을 구했다. 거룩하신 사부님께서는 그녀와 함께 고통스러워져서 총대리인 카타니의 베드로 형제에게 이야기하였다. "우리의 어머니께 동냥 좀 드릴 수 있을까요?" 프란치스코는 다른 형제의 어머니를 자기의 어머니 혹은 모든 형제의 어머니라고 불렀다. 베드로 형제가 그에게 대답하였다. "그녀에게 줄 만한 것이라고는 집 안에 아무것도 없습니다." 그리고 덧붙였다. "성무일도서도 없고, 조과 때 독서로 읽는 신약성경 한 권이 있습니다." 복되신 프란치스코가 그에게 말하였다. "그녀가 그것을 팔아서 요긴하게 쓰도록 그 신약성경을 우리의 어머니께 드리시오. 우리는 신약성경에서 가난한 사람을 도우라는 깨우침을 받았기 때문입니다. 나는 우리가 독서하는 것보다 희사하는 것이 훨씬 더 하느님을 기쁘게 해 드리는 것이라고 진심으로 믿고 있습니다."[8]

성 프란치스코는 이 가난한 어머니가 길가에 쓰러지도록 내버려 두지 않았다. 그는 복음을 통해, 우리의 태만과 무관심과 침묵으로 인해 길가에 쓰러져 죽어가는 것이 무엇이든 우리가 그것을 알고 있었고, 또 그것을 막기 위해 무언가를 할 수 있었다면, 그것은 우리의 책임이라는 것을 알았다. 비록 그 일이 단지 중재기도이거나 우리 가운데 있는 가난한 사람들의 권리를 박탈하고 소외시키는 정책을 거부하는 행위일지라도 말이다. 하지만 성 프란치스코는 기도하거나 침묵하지 않는 것 이상을 했다. 그는 이 불쌍한 여인을 직접 도왔고, 그녀가 자신의 필요를 충족하도록 팔 수 있는 무언가를 제공했다. 그는 자기 내면의 회개를 통해 이것이 두 형제의 가난한 어머니를 돕기 위해 해야 할 일이라는 것을 확실히 알았다. 그는 이것이 복음의 사랑임을 알았다.

프란치스코처럼 자기 삶에서 얻은 마음의 내적 회개가 없으면, 우리는 다른 곳에서, 심지어 자신의 의견과 편견을 진리인 양 떠벌리는 사람들조차 쉽게 믿어버린다. 또 자신의 내적인 확신이 없으면 다른 사람들의 거짓된 진리에 쉽게 귀를 기울일 수 있으며, 종종 영혼의 깊은 곳에서 말씀하시는 하느님의 말씀을 침묵 속에서 듣기보다는 영향력과 설득력 있는 연설자의 말을 듣게 된다. 그런 다음 다른 사람의 말과 행동을 흉내 내기 시작한다. 마치 다른 사람의 말과 행동을 자신이 기도하고 신중하게 숙고한 끝에 어렵사리 얻은 진리이자 생활방식인 것처럼 말이다.

그러므로 오늘날 우리가 성 프란치스코에게서 배우고 복음에 있는 그리스도의 말씀을 살기 위해서는 먼저 진리를 가장한 거짓인지 아닌지, 또는 거짓이 진리로 선포되고 있음을 알면서도 침묵하고 있는지를 더 신중하게 고려하지 않음으로써 거짓을 퍼뜨리는 데 우리 자신이 어떤 역할을 하고 있는지 질문할 필요가 있다. 그런 다음 우리는 성 프란치스코처럼 하느님의 자비와 용서를 구하면서 진리를 찾기 위해 복음의 말씀을 듣고, 그 말씀으로 기도해야 한다. 또 일상생활에서 그 말씀을 살아가면서 하느님께 항상 진리를 말하는 백성이 되기를 간청하면서 다시 새롭게 시작해야 한다.

우리는 모두 어느 정도는 혀로 죄를 짓는데, 무엇이 진실인지 확신할 수 없는 데도 진실이라고 말해도 괜찮다는 듯이 행동하는 것은 위험한 관행이다. 그것은 다른 사람에 대한 부주의하고 불친절하며 거짓된 언급처럼 자신의 편견이나 두려움을 강화하는 생각과 행위로 이어질 수 있고, 어떻게든 진실과 거짓을 분별하는 훈련에서 벗어나게 하며, 우리가 진실을 알든 모르든 누군가에 대해 무엇이든 마음대로 말하게끔 한다. 우리가 "느끼는" 것이 진실이거나, 진실 "일 수도 있다"거나 혹은 진실이기를 바라는 한, 우리는 그것이 진실이라고 말해도 괜찮다고 생각할 수 있다. 대부분의 사회적인 죄는 부도덕한 사람들에 의해 진실로 선언된 어떤 거짓말에 뿌리를 두고 있는데, 그들의 도덕성은 그들이 말하는 것은 무엇이든 도덕적이며, 보통 전문가로 여겨지는 사람에 의해 뒷받침되지만, 그들은 실제로는 자신만의 진리에 빠진 사람일 수 있다.

이렇게 말의 진위성 조사를 거부하는 행위는 다른 사람의 말에 대한 경청을 방해하기에 사람들 사이의 진정한 대화와 이해를 가로막는 심각한 장애물이다. 사람 사이에 평화와 화해를 가져오려는 대화와 진지한 노력 없이는 자비도 없고, 참된 공동체도 없으며, 서로 적대시하여 지상에 경계를 긋고 무기를 들면서 피할 수 있었던 전쟁이 시작된다. 오늘날 핵 전멸의 가능성이 있는 상황에서 전쟁은 첫 번째 선택도, 혹은 그 어떤 합리적인 선택도 될 수 없다.

위의 문장은 어떤 사람들에게는 꽤 부정적이고 "비프란치스칸"적으로 보일 수 있다. 나는 부정적인 것에 집중하는 위험은 우리가 가장 싫어하고 비판하는 대상이 될 수도 있다는 사실을 알고 있다. 하지만 나는 항상 악과 어둠에 반대되는 평형추가 있다는 진리를 잘 알기에 그 진리에 더 집중하려고 한다. 그러한 긍정의 시각, 그 관점은 프란치스칸 전망이 강조하는 것으로서 계속 보려고 노력하는 빛과 낙천적인 마음 그리고 어둠이 이길 수 없는 빛과 아름다움과 선이 되려는 것이다. 궁극적으로는 하느님의 아들이시며 죽은 이들 가운데서 다시 살아나신 그리스도께서 바로 빛이시고, 우리도 그분처럼 다시 살게 되리라는 기쁜 소식이 빛이다. 우리가 다시 빛으로 성장하기 위해 때로는 이름을 붙여야 하는 어둠 앞에서도 이 진리가 우리를 변화시켜 긍정적이고 밝게 유지해 주리라고 믿는다.

예를 들어, 여기 앉아서 검은색 잉크로 노란 용지에 얼룩을 묻히고 글을 쓰면서 나는 고개를 들어 작은 은수처 창밖으로 붉은 부겐빌레아 꽃잎이 흩날리는 것을 바라본다. 내 시야의 가장자리에 있는 유리문을 통해서는 검은색 플라스틱 통에 넘쳐나는 일주일 치 쓰레기도 볼 수 있다. 검은 통이 거기 있다는 것을 알고, 태양이 둘 다 비추고 있음에도 불구하고 나는 붉은 꽃잎을 응시한다. 나는 검은 통의 쓰레기를 보고 인정하며 처리할 것이다. 그리고 부겐빌레아를 응시한다. 이처럼 균형 잡힌 시각이 이 책의 나머지 부분에서 반영되고 명확해지기를 바란다.

빛과 아름다움을 이렇게 선호하는 것이 성 프란치스코가 우리에게 매력적인 이유 중 하나이고, 그의 시대에 왜 그가 그처럼 성공적인 평화 조성자가 되었는지에 대한 이유 중 하나이다. 이것이 오늘날 그의 마을 아씨시가 평화를 증진하기 위한 평화 회의와 기도 모임의 장소가 된 이유이다. 성 프란치스코는 평화와 정의에 이르는 길은 그리스도께서 복음에서 우리에게 보여주신 길, 곧 하느님 사랑의 길이며, 그 길의 동반자는 이웃을 우리 자신처럼 사랑하는 것임을 보여주는 온유한 성인으로 보인다.

이 기본적인 복음의 진리는 성 프란치스코가 살고 설교한 복음에서 마침내 들을 수 있었던 복음의 메시지이다. 그는 이 두 계명을 정확히 그 순서대로 배열하면 어떻게 그리고 언제 진리에서 벗어나 이웃에게 해를 입히는 죄를 범하는지 쉽게 알 수 있다는 것을 알았다. 모든 진리는 하느님에게서 오고, 하느님의 진리는 우리가 하느님을 사랑해야 한다는 것이며, 하느님을 사랑함은 곧 우리에게 이웃을 사랑하는 방법을 보여줄 것이다. 복음을 사는 것은 이러한 기본적인 복음의 진리를 받아들이는 데서 시작해야 한다. 그래야 우리도 하느님의 음성을 들을 수 있을 것이다.

물론 거짓 예언자와 사기꾼은 항상 있기 마련인데, 예수님은 그들을 가리켜 "양의 탈을 쓴 늑대"라고 불렀다. 그러나 이것은 우리가 비판하고 바로잡아야 한다는 것을 의미하지 않는다. 오히려 그럴수록 더 갈라놓을 뿐이다. 오직 자기 자신에게 진실해야 하고, 그것이 요구된다면 다른 사람을 깎아내리지 않고 진실이 무엇인지, 우리 자신이 이해하는 바를 말하면 된다. 평화는 다른 사람의 가장 나쁜 점을 지적하는 것이 아니라 가장 좋은 점을 끌어내는 노력으로 인해 더 효과적으로 달성된다. 그리고 우리 자신을 평화롭게 함으로써 다른 사람에게서 가장 좋은 점을 끌어낼 수 있다. 우리의 평화로운 현존은 우리가 옳고 그들이 틀렸다고 다른 사람을 설득하는 그 이상의 일을 할 것이다. 평화는 그 자체로 설득이다.

내가 보기에는 이것이 복음의 삶을 실행하는 사람들에게 최선의 선택인 것 같다. 죄와 분열에 대한 프란치스칸의 응답은 먼저 나와 이웃을 용서하여 나의 중심에서 평화롭게 된 다음, 다른 사람에게도 다가가서 그들에게 "자비를 베푸는" 것이다. 심지어 내가 사랑하기 어렵다고 생각하는 사람, 어떤 식으로든 나를 배척하는 사람들까지도 말이다. 우리는 선을 향해 함께 일하거나, 아니면 개인으로 사회로 그리고 문명으로서도 소멸한다.

성 프란치스코는 사회 개혁가가 되려고 노력하지 않았고, 그의 시대에 새로운 복음화를 시작했다. 그는 단순히 그리스도를 사랑하고 복음을 살았으며, 그로 인해 그와 그의 형제들은 사회 변화의 촉매제가 되었다. 그들은 그리스도 복음의 진리를 단순히 살아감으로써 세상을 뒤집은 "거룩한 바보들"이 되었다.

프란치스코와 그의 형제들처럼 우리는 분열과 전쟁 속에서도 다시 사랑하는 법을 배울 수 있다. 그리고 프란치스코가 사랑하는 법을 배우라고 우리에게 준 지도는 바로 복음과 그리스도의 발자취를 따르는 자신의 삶이다. 이 지도는 그의 평화의 기도에 아름답게 요약되어 있다. 이 기도는 그가 직접 쓰지는 않았어도 기도하고 생활하며 모범으로 가르친 방식인 것은 확실하다. 이 기도는 프란치스코를 평화의 조성자로 만들었던 모든 것과 그가 오늘날 우리를 위해 평화의 본보기가 되게 하는 모든 것을 설명하는 기도이다. 이 기도는 우리가 진리를 잃어버렸을 때 다시 찾는 방법이나 이미 발견하고 살아가려고 노력하는 진리 안에서 계속 살아가는 방법을 보여준다.

주여, 나를 당신 평화의 도구가 되게 하소서.
미움이 있는 곳에 사랑을,
다툼이 있는 곳에 용서를,
분열이 있는 곳에 일치를,

오류가 있는 곳에 진리를,

의혹이 있는 곳에 믿음을,

절망이 있는 곳에 희망을,

어둠이 있는 곳에 광명을,

슬픔이 있는 곳에 기쁨을 심게 하소서.

주여, 위로를 구하기보다는 위로하고,

이해를 구하기보다는 이해하며,

사랑을 구하기보다는 사랑하게 해 주소서.

자기를 줌으로써 받고,

자기를 잊음으로써 찾으며,

용서함으로써 용서받고

죽음으로써 영생으로 부활하리니.

프란치스코 교황은 이 기도문을 바탕으로 2018년 5월 13일 홍보 주일을 위해 쓴 담화문과 새 기도문을 발표했다. 이 담화문과 기도문은 프란치스코 교황이 거짓과 허위 정보를 퍼뜨리는 것이라고 정의한 현상에 대한 유용한 해독제이다.

이는 독자를 기만하거나 조종할 의도로, 존재하지 않거나 왜곡된 자료에 근거하는 허황된 정보와 관련됩니다. 가짜 뉴스의 확산은 원하는 목적을 위해 나아가고 정치적 의사 결정에 영향을 끼치며 경제적 이익 추구에 이용될 수 있습니다.

가짜 뉴스의 효력은 무엇보다 실제 뉴스를 〈흉내 내는〉 본성, 그럴싸해 보이는 능력에서 나옵니다. 두 번째로 가짜지만 진짜 같아 보이는 뉴스는 "꼬투리를 잡아" 비난하는 성향이 있어서, 고정 관념이나 공통된 사회적 편견에 호소함으로써 사람들의 관심을 사로잡습니다. 이러한 가짜 뉴스를 퍼뜨리는 힘은 소셜 네트워크와 그 기능을 뒷받침하는 논리를 이용하여 조종하는 데에 달려 있습니다. 근거 없는 내용이 급속도로 퍼져나가 이를 권위 있게 부인한다고 하더라도 그 피해는 복구되지 않습니다. …… 허위 정보의 비극은 타인을 불신하게 만들고 적으로 받아들이게 하며 마침내 타인을 악마로 여기고 분쟁을 조장하기에 이릅니다. 가짜 뉴스는 너그럽지 못하고 과민한 태도의 표식이며 교만과 증오의 확산을 불러올 따름입니다. 그것이 거짓의 최종 결과입니다.

프란치스코 교황에 따르면, 그 해독제는 새로운 식별 기술이 아니라 사람이다. "탐욕에서 벗어나 경청의 자세를 지닌 사람, 진솔한 대화를 위한 노력을 통해 진리를 드러내는 사람입니다. 또한 선을 지향하고, 자신이 사용하는 말에 책임을 지는 사람입니다."

그 목적을 위해 프란치스코 교황은 성 프란치스코의 '평화의 기도'에서 영감을 얻어 우리 모두에게 새로운 기도문을 주었다.

주님, 저희를 평화의 도구로 써 주소서.
친교를 이루지 않는 커뮤니케이션의 숨은 해악을 깨닫고
악의에 찬 판단에서 벗어나며
다른 이들을 형제자매라고 말할 수 있게 저희를 도와주소서.

주님은 충실하시고 성실하신 분이시니,
저희의 말이 온 누리에 좋은 씨앗이 되게 하소서.

외침이 있는 곳에 경청을,

혼란이 있는 곳에 화합을,

모호함이 있는 곳에 확실함을,

배척이 있는 곳에 연대를,

선동이 있는 곳에 절제를,

피상만 있는 곳에 문제의 본질을,

편견이 있는 곳에 신뢰를,

적의가 있는 곳에 존중을,

거짓이 있는 곳에 진리를 가져오는 저희가 되게 하소서.

아멘[9]

— 교황 프란치스코 —

성 프란치스코의 지혜

설교자들은 간결한 설교로 그들에게 악습과 덕행, 벌과 영광을 선포할 것이니, 이는 주님께서 이 세상에서 간결하게 말씀을 하셨기 때문입니다(「인준 규칙」 9,4).

....

그리고 주님께서 나에게 몇몇 형제들을 주신 후 내가 해야 할 일을 아무도 나에게 보여주지 않았지만, 지극히 높으신 분께서 친히 나에게 거룩한 복음의 양식에 따라 살아야 할 것을 계시하셨습니다. 그리고 나는 그것을 몇 마디 말로 그리고 단순하게 기록하게 했고 교황님께서 나에게 확인해 주셨습니다. 그리고 이 생활을 받아들이려고 찾아오는 사람들은 가지고 있던 모든 것을 가난한 사람들에게 주었습니다. 그리고 우리는 안팎으로 기운 수도복 한 벌로 만족하였고 원하는 사람은 띠와 속옷을 가졌습니다. 그리고 우리는 그 이상 더 가지기를 원치 않았습니다(「유언」 14-17).

모든 경건한 그리스도교 신자들, 성직자들과 평신도들, 남자와 여자들, 온 세상에 살고 있는 모든 이들에게 여러분의 종이며 아랫사람인 프란치스코 형제가 여러분에게 경의와 함께 존경을 표하며, 하늘의 참된 평화와 주님 안에서 진실한 사랑을 기원합니다. 저는 모든 사람의 종이기에 모든 사람을 섬겨야 하며 내 주님의 향기로운 말씀들을 전해야 합니다(「2신자 편지」 1-2).

....

한번 그는 심각한 의혹에 빠지게 되었다. 잠시 후에 기도하고 있던 곳에서 돌아와서 그는 이 문제를 해결하기 위해 이를 가까운 형제들에게 털어놓았다. "형제들이여, 당신들은 이를 어떻게 생각하시오? 어느 것이 더 좋다고 생각하는 거요? 즉 내가 나의 모든 시간을 기도하는 데 더 전념해야겠소? 아니면 돌아다니며 설교해야겠소? …… 기도 안에서 우리는 하느님께 얘기하고 그분의 말씀을 들으며 그리고 천사들을 우리의 동료로 삼아 천사들과 맞먹는 가치 있는 생활을 하오. 그 반면 설교할 때 우리는 인간의 지위로까지 내려와서 인간사에 관해서 생각하고, 보고, 듣고, 말하면서 그들 중 한 사람으로서 그들 가운데서 생활하게 되는 것이오. 그러나 반면에 하느님의 눈에 다른 모든 것보다 더 중요시 여겨지는 한 문제가 있으니, 그것은 바로 이것이오. 즉 지혜 그 자체이신 하느님의 외아들은 영혼을 구하기 위해 성부의 품을 떠나 내려오셨다는 사실이오. 그분은 당신 자신의 모범을 보여줌으로써 세상을 가르치시길 원하셨으며, 당신의 피로써 그들을 깨끗이 씻겨주시고 또 당신의 피를 맛보게 하심으로 그들을 떠받쳐주시고자, 당신의 귀한 피의 대가로 구원한 사람들에게 구원의 메시지를 가져다주시길 원하셨소. 그분은 자신을 위해서는 아무것도 남겨두시지 않고 우리의 구원을 위해서 모든 것을 너그럽게 내놓으셨소. 우리는 그분이 산 위에서 보여주는 것처럼, 우리 앞에서 세우신 모범을 따라 항상 행동해야만 하는 것이오. 그래서 내가 묵상의 고요함을 포기하고 나가서 일하는 것이 하느님의 뜻과 더욱 일치되는 것같이 여겨지는 것이오."(「대전기」[10], 12,1)

....

"주님께서 당신에게 평화를 내려 주시기를 빕니다" 하고 우리가 해야 할 인사를 주님께서 나에게 계시하셨습니다(「유언」 23).

....

여러분에게 맡겨진 백성들이 주님께 큰 공경을 바치게끔 매일 저녁 온 백성에게 전달자를 통해서나 다른 신호로 통보하여 그들이 전능하신 주 하느님께 찬미와 감사를 드리게 하십시오(「지도자 편지」 7).

전능하시고 영원하시며 의로우시고 자비로우신 하느님, 가련한 우리로 하여금 당신이 원하신다고 우리가 알고 있는 것을 바로 당신 때문에 실천케 하시고, 당신 마음에 드는 것을 늘 원하게 하시어, 내적으로 깨끗해지고, 내적으로 빛을 받고, 성령의 불에 타올라, 당신의 사랑하시는 아드님 우리 주 예수 그리스도의 발자취를 따를 수 있게 하시고, 지극히 높으신 분이시여, 오로지 당신의 은총으로만 당신께 이르게 하소서. 주님께서는 완전한 삼위이시고 단순한 일체이시며 살아 계시고 다스리시며 영광을 받으시고 세세 대대로 전능하신 하느님이시나이다. 아멘 (「형제회 편지」 기도).

....

나의 모든 형제들에게 권고하며 그리스도 안에서 격려합니다. 어디서든지 글로 쓰인 하느님의 말씀을 발견하게 되면, 할 수 있는 대로 경의를 표하십시오. 그리고 그것들이 잘 간수되어 있지 않거나 혹은 아무렇게나 흩어져 있으면, 형제들에게 관련되어 있는 한 그 말씀을 하신 주님을 말씀 안에서 공경하는 마음으로 주워 모아 제자리에 놓도록 하십시오 (「형제회 편지」 35-36).

네 번째 가르침

REpaiR

가서, 하느님의 집을 수리하기

베라르델로의 퀸타발레Quitavalle di Berardello 가문의 베르나르도는 멀리서나마 피에트로 베르나르도네 가문의 프란치스코를 알고 있었다. 그들은 둘 다 신흥 상인 계급 출신이었다.[11] 베르나르도는 성장하면서 날이 어두워지면 거리에서 노래하고 춤추는 아씨시의 소란스럽고 떠들썩한 젊은이들의 우두머리인 프란치스코를 더욱 진지하게 지켜보곤 했다. 낮에는 아씨시 시민들 사이에서 가족의 명예와 위신을 높이는 사업을 하면서도, 베르나르도는 신중하게 창가에 앉아 지켜보며 듣곤 했다. 프란치스코가 겉보기에 근심 없어 보이는 동네 청년에서 마을의 거지와 바보로 급격하게 변하기 시작했을 때, 베르나르도는 이미 민법과 교회법 학위를 소지한 학식으로 저명한 청년이었다.

　베르나르도는 성 밖에 있는 성 다미아노 성당을 수리하기 위해 돌을 구걸하며 아씨시의 거리를 걸으면서 조롱받고 침 뱉음을 당하는 불쌍한 프란치스코의 변화에 소름이 끼쳤다. 프란치스코는 구걸하고 건물을 수리하며 가난한 사람, 버림받은 사람들과 자신을 동일시하고 심지어 나병 환자들과 어울리기까지 하는 데에 사로잡힌 청년이 되었다.

이전에 방탕한 아들에게 가장 값지고 호화로운 옷을 제공했던 부유한 옷감 상인 피에트로 베르나르도네의 아들인 프란치스코, 그는 이제 얄궂게도 누더기를 걸치고 돌아다녔다. 게다가 이 배은망덕한 아들은 귀도 주교의 법정에서 진행된 역사적 재판에서 실제로 아버지와 그의 유산까지 포기했다. 주교와 그 주위에 서 있는 모든 사람 앞에서, 극적으로 프란치스코는 옷을 벗어 아버지의 발치에 놓았다. 그리고 베르나르도는 프란치스코가 "이제까지 나는 피에트로 베르나르도네를 아버지라고 불렀지만, 이제부터 나는 하늘에 계신 우리 아버지를 아버지로 부를 것입니다"라고 말하는 것을 들으며 그저 지켜보았다.

그 극적인 사건이 있고 난 뒤, 프란치스코는 잠시 마을을 떠나 굽비오Gubbio로 갔다. 소문에 따르면, 그곳에서 프란치스코의 친구이자 역시 옷감 장수의 가족인 페데리코 스파다룬가Federico Spadalunga가 그에게 입을 옷을 주었다고 했다.[12] 프란치스코가 굽비오의 성 밖에서 나병 환자들을 돌본다는 소문도 돌았다. 그리고 프란치스코가 돌아왔을 때 그는 성 다미아노와 그가 수리한 천사들의 성모 마리아 성당에서 시간을 보냈다. 그가 포르치운쿨라(Porziuncola, 그의 작은 몫)라고 부른 이 천사들의 모후 성당 역시 가난했고, 아씨시 성벽 바깥쪽 나병 환자들이 거처하던 곳 근처의 울창한 숲이 우거진 늪지대 아래 평야에 있었다.

사람들은 그를 미쳤다고 생각했다. 그는 페루자에서 전쟁 포로로 1년 동안 갇혔다가 돌아온 이후로 예전 같지 않았다. 나중에 베르나르도가 알게 된 바와 같이, 프란치스코는 브리엔느의 왈터가 지휘하는 아풀리아의 교황군에 합류하여 참전하는데 확신을 주는 꿈을 꾸기 전까지 깊은 우울증에 시달리면서 대부분 시간을 집에서 보냈다. 프란치스코는 몇몇 신병과 함께 훌륭한 갑옷과 강인하고 젊은 군마와 새로운 결의로 무장하고 아씨시에서 출발했다. 그러나 스폴레토 마을로 가는 단 하루만의 여정 끝에 프란치스코는 불가사의하게도 홀로 아씨시로 돌아왔다. 그는 고개를 푹 숙인 채 무표정한 얼굴에 겁쟁이처럼 보이는 모습으로 말을 타고 마을에 들어왔다. 베르나르도는 프란치스코가 스폴레토에서 또 다른 꿈을 꾸었더라는 얘기와 프란치스코가 버려진 성당과 가난한 집들을 방문하기 위해 교외를 정처 없이 돌아다닌다는 얘기를 들으며 의아스럽게 여겼다. 베르나르도는 소문을 듣고 계속 지켜보면서 모든 사람이 강력하고 뛰어난 아씨시의 지도자가 되리라 생각했던 그토록 유망한 이 젊은이에게 도대체 무슨 일이 일어난 건지 이해하려고 애썼다.

그러던 중 버려져서 거의 폐허가 된 성 다미아노 성당에서 어떤 일이 일어났는데, ―몇몇 사람은 그것을 환시라고 말했다― 프란치스코는 무너진 성당을 수리하기 위해 돌을 구걸하기 시작했다. 사람들은 돌을 구걸하는 그를 역겨워하고 경멸했지만, 프란치스코는 개의치 않아 보였다. 그는 정신 나간 사람처럼 웃으며 노래했고, 이 모든 이야기가 발전하여 주교의 법정으로 끌려가 아버지를 포기하고 굽비오로 갔다가 이제 돌아와서 똑같은 행동을 계속했다. 그는 웃으면서 거리를 걸었고, 갑자기 노래를 부르며 하느님을 찬양했다. 그는 큰 소리로 하느님께 감사를 드린 다음, 자신이 버려진 성당을 재건하기 위해 하느님께서 선택하신 쓸모없는 작은 벌레라는 것을 알아봐 준 가혹한 이들에게 감사했다.

그때부터 베르나르도는 정신 나간 프란치스코 안에서 일어나고 있는 더한 변화를 알아차렸다. 그는 아무리 큰 소리로 모욕당해도 평온하고 평화로워 보였다. 마을의 질서와 사업을 계속 방해하는 떠돌이 개에게 하듯 그에게 돌과 쓰레기가 던져졌을 때도 프란치스코는 평온함을 발산했다.

베르나르도는 이 모든 것을 보고 들으면서 예수님의 어머니 마리아처럼 마음속에 간직하였다. 날이 갈수록 베르나르도에게 프란치스코는 바보가 아니라 마치 성인처럼 보이기 시작했기 때문이다. 아니, 그는 성인이자 바보였을지도 모른다. 어쨌든 프란치스코는 충동적인 사람이 아니라 온 존재로 기쁨을 발산하는 사람인, 행복한 사람이 되어가고 있었다. 그는 이미 2년 동안 인내심을 가지고 증오와 학대를 견뎌냈지만, 그의 정신은 몇 주, 몇 달, 몇 년이 지날수록 더욱 확고해 보였다. 그리고 베르나르도가 지켜보고 듣던 어느 날 그는 마침내 보았다. 그는 프란치스코에게 일어나고 있는 일이 광기가 아니라 하느님의 위대한 은총, 곧 베르나르도 자신을 끌어당기기 시작한 은총이라는 것을 알았다. 그는 지금 일어나고 있는 일이 프란치스코 베르나르도네의 종교적 회개라는 것을 알았다. 베르나르도는 미사에서 들은 복음 말씀을 기억했다. 사제는 그것이 예수님의 첫 번째 말씀이라고 말했다. "때가 차서 하느님의 나라가 가까이 왔다. 회개하고 복음을 믿어라."(마르 1,15)

이것이 베르나르도가 멀리서 보고 있던 것이다. 프란치스코는 하느님 나라가 자기에게 가까이 왔다고 믿었기 때문에 회개하고 있었다. 그리고 새롭게 발견한 그 믿음은 하느님의 말씀을 기쁜 소식이 되게 했다.

하지만 베르나르도는 확실히 하고 싶었다. 그래서 프란치스코와 저녁 식사를 하기 위해 집으로 초대했고, 프란치스코는 동의했다. 베르나르도는 이제 멀리서만 보던 것에 가까워졌다. 프란치스코는 얼마나 편한 손님이었는지. 이 "미친 사람"은 그의 십 대와 청년 시절에 유명했던 유쾌함과 우정을 보여주었다. 그들은 밤이 깊도록 이야기했고, 베르나르도는 거룩함이 어떤 것인지 가까이에서 보기 시작했다.

대화를 나누면서 베르나르도는 프란치스코에게 머물러달라고 청했고 밤새도록 등불이 켜져 있는 자기 방에 그를 위해 이미 잠자리가 마련되어 있다고 말했다. 프란치스코는 흔쾌히

동의했고, 침실에 들어오자마자 침대에 몸을 던져 자는 척하였다. 베르나르도는 프란치스코가 연기하는 것을 보았다. 그는 항상 연기에 능숙했기 때문이다. 베르나르도 역시 자는 척하고 심지어 코를 골면서도 무슨 일이 일어나는지 예민하게 주시했다.

그리고 그 일이 일어났다. 프란치스코는 베르나르도가 깊이 잠들었다고 믿고 침대 옆으로 미끄러져 내려와 바닥에 엎드려 기도하기 시작했다. 눈과 손을 하늘로 들어 올린 채 그는 감동적인 헌신과 열정으로 "나의 하느님, 나의 전부시여"라고 속삭이기 시작했다. 그는 새벽까지 많은 눈물을 흘리며 그저 "나의 하느님, 나의 전부시여"라고만 되풀이할 뿐 다른 말은 없었다.

베르나르도는 밤새 귀를 기울이며, 불빛에 비친 그를 지켜보았다. 새벽이 되자 베르나르도는 일어나서 프란치스코에게 밤중에 무슨 일이 일어나는지 잠든 척하면서 지켜보았고, 프란치스코가 기도하는 동안 성령의 감도를 받아 성령께서 자기의 삶을 바꾸도록 어떤 영감을 주셨는지 말했다. 그러고 나서 용기를 내어 이렇게 말했다. "프란치스코 씨, 이제 저는 이 세상의 가치를 버리고 하느님께서 이끄신다고 확신하는 당신을 따르기로 결심했습니다."

"베르나르도 씨, 당신의 말에 내 영혼이 고양되었습니다. 당신이 말씀하신 것은 매우 중요하고 어려운 일이니 이 일에 관해서 우리 주 예수 그리스도의 가르침을 구해야 합니다. 그러면 가서 미사에 참석하고 삼시경(Terce, 오전 9시 기도)까지 기도합시다. 그리고 사제에게 가서 하느님의 도움을 얻기 위해 미사경본을 펼쳐볼 것을 청합시다." 그들은 그렇게 했다.

사제는 십자성호를 그은 다음 미사경본을 세 번 펼쳤는데, 첫 번째 펼쳤을 때 베르나르도를 놀라게 한 이 말씀이 나왔다. "네가 완전한 사람이 되려거든, 가서 너의 재산을 팔아 가난한 이들에게 주어라. 그러면 네가 하늘에서 보물을 차지하게 될 것이다. 그리고 와서 나를 따라라."(마태 19,21) 두 번째 펼쳤을 때 베르나르도를 더욱 놀라게 한 것은 그리스도께서 사도들을 파견하실 때 당신의 제자들에게 하신 말씀을 그 사제가 낭독할 때였다. "돈주머니도 여행 보따리도 신발도 ……."(루카 10,4) 베르나르도에게는 프란치스코가 이미 실행하고 있는 일을 듣는 것 같았기 때문이다. 그런 다음 사제는 세 번째로 미사경본을 펼쳤다. "누구든지 내 뒤를 따라오려면, 자신을 버리고 제 십자가를 지고 나를 따라야 한다."(마태 16,24)

베르나르도와 프란치스코에게 주어진 사명은 이보다 더 명확할 수 없었다. 이것은 그리스도의 말씀이었다. 베르나르도는 주의깊게 새겨 들었다. 그는 자기의 모든 재산을 팔았고, 프란치스코와 함께 가난한 사람들에게 돈을 나누어주었다. 그러고 나서 큰 기쁨으로 그리스도의 발자취를 따르려고 프란치스코에게 합류했다.

이것이 프란치스코와 베르나르도의 회개였다. 곧 하느님을 그들의 전부로 삼고, 예수님 스스로 행하신 것처럼 자신이 가진 것을 비우고, 그리스도의 모범을 따라 고통과 괴로움을 평화로이 받아들이며, 다른 사람들에게 선을 행하고 섬기면서 그들에게 복음을 전하는 것이었다.

베르나르도의 회개 이야기는 단지 머릿속 여행이나 관념적인 지식만으로 이루어진 것이 아니다. 그것은 받아들이고 행동하는 지식, 곧 마음의 지식이다. 우리가 알고 믿게 된 것 때문에 우리를 변화시키는 무언가가 마음속에서 일어나야 하는 것이다. 제라드 스트라우브Gerad Straub는 프란치스코에 관하여 이렇게 말했다. "하느님께서 프란치스코의 마음을 변화시켰고, 그의 변화된 마음이 세상을 변화시켰다." 그것이 진정한 회개의 결과이고, 성 프란치스코의 가르침이다. 마음을 변화시키는 지식은 우리와 세상과의 상호작용을 변화시키고, 그 새로운 방식의 지식과 행동은 우리와 그 주변을 넘어서서 공간과 시간의 세상을 변화시킨다.

그렇다면 그들의 이야기는 오늘날 우리에게 무엇을 의미할까? 만약 우리도 예수님의 이 말씀을 듣는다면, 실제로 어떤 모습일까? 작은형제회의 전임 총봉사자인 헤르만 샬뤽Herman Schaluck 신부는 형제들에게 한 연설에서 예수님의 '착한 사마리아인의 비유'를 펼쳐 보이면서 오늘날 프란치스칸의 신앙과 실천에 관해 설명했다. 하느님과 이웃을 사랑해야 한다는 예수님의 말씀에 응답하여 "그러면 누가 저의 이웃입니까?"라고 묻는 율법 교사에게 예수님은 이렇게 응답하신다.

"어떤 사람이 예루살렘에서 예리코로 내려가다가 강도들을 만났다. 강도들은 그의 옷을 벗기고 그를 때려 초주검으로 만들어 놓고 가버렸다. 마침 어떤 사제가 그 길로 내려가다가 그를 보고서는, 길 반대쪽으로 지나가 버렸다. 레위인도 마찬가지로 그곳에 이르러 그를 보고서는, 길 반대쪽으로 지나가 버렸다. 그런데 여행을 하던 어떤 사마리아인은 그가 있는 곳에 이르러 그를 보고서는, 가엾은 마음이 들었다. 그래서 그에게 다가가 상처에 기름과 포도주를 붓고 싸맨 다음, 자기 노새에 태워 여관으로 데리고 가서 돌보아 주었다. 이튿날 그는 두 데나리온을 꺼내 여관 주인에게 주면서, '저 사람을 돌보아 주십시오. 비용이 더 들면 제가 돌아올 때에 갚아 드리겠습니다.'하고 말하였다. 너는 이 세 사람 가운데에서 누가 강도를 만난 사람에게 이웃이 되어 주었다고 생각하느냐?" 율법 교사가 "그에게 자비를 베푼 사람입니다."하고 대답하자, 예수님께서 그에게 이르셨다. "가서 너도 그렇게 하여라."(루카 10,30-37)

헤르만 형제는 하느님의 집을 재건하는 것이 개인과 실제의 차원에서 무엇을 수반하는지 보여주는 비유의 네 가지 가르침을 선택한다. 궁극적으로 회개의 열매는 사회 정의인데, 이는 하느님과 이웃을 사랑함으로써 하느님의 집을 고치는 것이 무엇을 의미하는지를 실제로 보여주는 모습이다. 헤르만 형제에 따르면, 하느님의 집을 수리하는 것은 착한 사마리아 사람 이야기의 네 가지 움직임, 곧 ⑴ 관상적인 바라봄, ⑵ 정서적인 반응, ⑶ 실질적인 도움, ⑷ 지속적인 도움이 여기에 포함된다.

바라봄이 있고, 다른 바라봄이 있다. 길가에 쓰러진 강도당한 사람을 지나치는 사람들은 "반대쪽"으로 지나간다. 그들은 보지만 앞으로 나아가면서 보는 것을 방해하는 것이 무엇이든 의식적으로 멀어짐으로써 보지 않는다. 멈춰 서서 진정으로 바라보는 것은 적어도 불편하고, 기껏해야 그들 자신의 선입견이나 이기적인 편안함 그리고 자기 중요성에 대한 도전이거나 심지어 위협이 될 것이다.

그들은 폭력의 피해자와 자신의 내밀한 연관성을 보고도 보지 않는다. 그들이 볼 수 있는 눈을 갖게 해달라고 기도하지 않았기 때문에 그것은 그들의 일이나 책임이 아니다. 게다가 그들은 무언가의 뒤에 숨어있는 것을 볼 때까지 주의 깊게 바라보고, 그렇게 해서 안 것으로 자기 영혼을 형성하는 예술인 관상을 실천하지도 않았다. 모든 창조물은 서로 연결되어 있으며, 관상하는 사람은 그 연결이 여러분이 깊이 사랑하는 사람들과의 연결만큼이나 현실이 될 때까지 계속 바라보며 하느님 안에서 아름다운 확장을 고려하는 사람이다. 관상기도는 여러분이 거기에 무엇이 있는지 볼 수 있게 하고, 여러분과 그것과의 친밀한 관계를 깨닫게 한다.

이는 사마리아인도 지나가 버린 사람들과 마찬가지로 지금까지 겪어온 내력을 가지고 피해자의 상황에 왔다는 것을 의미한다. 사마리아인의 경험은 그가 길가에 쓰러진 그 사람과의 연관성을 보고, 연민으로 움직였다는 것이다. 그의 마음은 형제적 사랑으로 응답한다. 이는 그의 정서적인 반응이다. 그는 "함께 고통받는다"(라틴어, cum과 passio)를 뜻하는 〈연민compassion〉이라는 단어의 어원을 느낀다.

더 이상 감정을 느낄 수 없다면, 다른 사람의 비극이 내가 상관할 바가 아닐 정도로 자기중심적으로 되는 일이 나에게 일어난 것이다. 내 관심사가 아니다. 또는 나는 내게 상처를 줄 수 있는 어떤 일에도 연루되는 것을 천성적으로 두려워하는 사람이다. 내 일은 무엇보다도 나 자신을 먼저 돌보는 것이다. 나는 손을 내밀면 상처받을까 두려워서 다른 사람과 나를 둘러싼 세상, 하느님이 창조한 모든 것과의 상호 기원에 대해 관여하지 않는다. 그러니 획기적인 만남이 되거나 사랑으로 두려움을 극복함으로써 사랑을 성장시키는 대신에 나를 삶의 반대쪽, 곧 누구를 위해서도 멈추지 않는 빠르고 안전한 길로 가게 한다.

나는 자신의 인간적인 감정을 억누르거나 부정했기 때문에 어떤 사람이나 상황에도 도와야 할 의무감을 느끼지 않는다. 나보다 그런 일에 훨씬 더 능숙한 누군가가 알아서 하겠지. 그 결과는 좁아지고 결국에는 감성을 거부하게 된다. 온갖 혼란과 고통이 있는 삶의 편에 머물며 영혼을 열고 확장하면, 나는 자기중심적인 작은 사람 이상의 사람이 된다. 나병 환자들조차도 이웃으로, 심지어 피하려고 길 반대쪽으로 지나가서는 안 되는 형제자매로 바라본 아씨시의 작은 프란치스코의 관상기도가 얼마나 넓고 컸겠는가.

사실 프란치스코는 반대쪽으로 지나가지 않았을뿐더러 사마리아인처럼 그들의 상처를 싸매주는 실질적인 도움을 주었다. 그는 음식을 제공했고, 그들 가운데 가서 그가 말하는 대로 "그들에게 자비를 베풀었다." 그는 아씨시의 착한 사마리아인이 되어, 그의 형제들에게 참된 작은 형제가 되려거든 나병 환자들에게 가서 그들을 돌보라고 지시함으로써 나병 환자들을 지속해서 도왔다. 그렇게 함으로써 그들은 이미 회개하는 작은 형제들이 되는데, 여기서 회개는 나병 환자들과 함께 있는 것이 그들의 정욕을 억제하기 위해 고행한다는 의미에서의 큰 회개가 아니라 하느님께서 그들의 시각과 마음을 바꾸시도록 하는 참회의 의미에서의 회개이다.

프란치스코는 사회의 변두리로 쫓겨난 사람들에게 다가가는 몸짓으로 착한 사마리아인의 비유에 반영된 연민 어린 그리스도의 거울인 성인聖人 프란치스코가 되었다. 성 프란치스코의 연민은 비범했고, 그의 영웅적인 자비를 따를 수 있는 사람은 거의 없다. 하지만 누구나 세상의 가난하고 소외된 사람들에게 실질적인 도움과 지속적인 도움은 줄 수 있다. 적어도 사람은 자신이 사는 세상의 작은 영역에서 그렇게 할 수 있다. 자신의 이기적인 영역을 깨고 불우한 사람들에게 손을 내밀어 사랑하려는 작은 몸짓조차도 사람의 마음과 영혼을 넓히기 시작한다.

무너져가는 하느님의 집을 회복하는 길로서 관상적인 바라봄, 정서적인 반응, 실질적인 도움, 지속적인 도움이 바로 우리 시대의 프란치스칸 도전이다. 그것은 사랑하는 법을 배우기 위한 예수님 자신의 처방이기도 하다. 관상기도에서 우리는 만물을 창조하시고 그들을 우리의 형제자매로 만드신 하느님을 사랑하는 법을 배운다. 우리가 하느님의 눈으로 다른 사람들을 있는 그대로 보기 시작할 때 우리는 연민을 지니게 된다. 그리고 우리가 곤경 중에 있는 형제자매들에게 다가갈 때, 하느님의 사랑은 다른 사람들에 대한 사랑이 되고, 그들은 모두 하느님의 사랑을 받는다. 그렇게 되면 우리는 이웃을 사랑하려는 숭고한 뜻과 행위가 없는, 그래서 가치가 있는 선한 이야기도 남기지 못하고 한동안 떠돌다가 사라지는 빈껍데기가 아닌, 하나의 아름다운 이야기가 된다.

그러므로 하느님의 집을 수리하는 일은 프란치스코가 그리스도의 음성을 들었을 때 생각했던 것처럼 돌과 회반죽으로 하는 일이 아니다. 그것은 우리의 마음을 바꾸는 것, 아니 오히려 하느님께서 우리의 마음을 바꾸시게 하는 것, 곧 우리가 풍성한 은총의 그릇이 되는 과정이다. 오직 수리된 마음만이 하느님의 집을 고칠 수 있기 때문이다. 그때 비로소 우리는 "온 세상에 가서 모든 피조물에게 복음을 선포하여라"(마르 16,15)라는 말씀의 열매를 맺을 수 있다.

성 프란치스코의 지혜

주님께서는 단순과 겸손의 길을 통해 나를 부르셨고 이 길을 통해 나와 나를 믿고 따르기로 선택한 모든 사람에게 당신을 드러내 보이셨습니다. 주님께서는 내가 세상에서 새로운 바보가 되기를 바라시고 이외의 다른 길로 형제들을 이끄는 것을 바라지 않으신다고 나에게 말씀하셨습니다(「완덕의 거울」 68).

....

그리고 얼마나 큰 죄를 지었든, 죄를 지은 형제가 그대의 눈을 바라보고 자비를 청했는데 그대의 자비를 얻지 못하고 물러서는 형제가 이 세상에 아무도 없도록 하십시오. 나는 그것으로 그대가 주님을 사랑하고 있고 또 그분의 종이며 그대의 종인 나를 사랑하고 있는 것으로 알고 있겠습니다. 그리고 그 형제가 자비를 청하지 않으면 그대는 그가 자비를 원하는지를 물어보십시오. 그리고 그런 다음에도 그가 그대의 눈앞에서 수천 번 죄를 짓더라도 그를 주님께 이끌기 위하여 나보다 그를 더 사랑하고, 이런 형제들에게 늘 자비를 베푸십시오(「봉사자 편지」 9-11).

....

나는 주 예수 그리스도 안에서 나의 형제들에게 조언하고 권고하며 충고합니다. 세상을 두루 다닐 때, 형제들은 남과 다투거나 언쟁을 벌이거나 남을 판단하지 말고, 오히려 마땅히 모든 이에게 정직하게 말을 하면서 온유하고 평화롭고 단정하고 양순하고 겸허해야 합니다(「인준 규칙」 3,10-11).

....

나는 내 손으로 일을 하였고 또 지금도 일하기를 원하며 다른 모든 형제들도 올바른 허드렛일에 종사하기를 간절히 바랍니다. 일할 줄 모르는 형제들은 일의 보수를 받을 욕심 때문이 아니라 모범을 보이고 한가함을 쫓기 위해서 일을 배울 것입니다. 그리고 우리가 일의 보수를 받지 못할 때에는 집집마다 동냥하면서 주님의 식탁으로 달려갑시다(「유언」 20-22).

다섯 번째 가르침

PEacE

평화 만들기

성 프란치스코는 자연 보호, 가난한 이들을 위한 정의, 사회적 헌신, 내적 평화가 어떠한 불가분의 유대를 맺고 있는지를 보여 주십니다(교황 프란치스코, 『찬미받으소서』 10).

내적 평화는 하느님이 모든 피조물 안에 계시고 그 안에 머무르신다는 인식이다. 이러한 인식에서 프란치스코 교황이 언급한 세 가지 필수 요소인 자연 보호, 가난한 이들을 위한 정의, 사회적 헌신이 흘러나온다.

이 네 가지 모두는 하느님이 존재하실 뿐만 아니라 창조주이시기 때문에 서로 연결되어 있다. 복되신 삼위일체의 내적 생명 외부에 있는 모든 것은 상호 관계하는 삼위일체의 하느님 안에 그 원인이 있다. 곧 세 위격의 상호 관계의 사랑은 외부에 자기를 반영하는 세계를 창조하는 에너지이다. 이 삼위일체의 위격 안에서 상호 관계하는 사랑은 창조의 신성한 에너지로 폭발한다. 우리와 온 우주는 신성한 사랑의 자녀이다. 그리고 성부, 성자, 성령의 신성한 세 위격은 모든 이와 모든 것을 하느님의 사랑받는 존재로 표시한다. 우리는 존재로 사랑받는다.

그러므로 하느님은 모든 피조물에서 우리에게 드러나신다. 곧 아름다움, 웅장함, 무한한 다양성, 개성, 신비. 그것이 바로 성 프란치스코가 본 것이고, 그가 우리에게 가르치는 것이다.

그러나 무엇인가가 하느님 창조의 아름다움을 변형시켰고, 그 무언가는 불의이다. 성 보나벤투라는 그의 작품인 『육일간의 창조에 관한 학술강연집 Collationes en Hexaëmeron』에서, "정의는 변형된 것을 아름답게 만든다"고 말한다. 정의는 그러므로 평화, 마음의 평화, 사람들 사이의 평화, 하느님의 모든 피조물 사이의 평화로 가는 길이다.

성 프란치스코는 성 보나벤투라와 같은 철학자나 사상가, 신학자는 아니었다. 그는 선견자요 시인이었다. 그는 일생을 사물을 추론하기보다는 보려고 노력했다. 그는 항상 자신을 둘러싼 세상에서 하느님의 흔적을 찾았다. 그는 나병 환자들에게서 하느님을 발견했기 때문에 사물의 겉모습 이면에 숨겨진 신비를 보기 위해서는 반드시, 열심히 오랫동안 들여다보아야 한다는 것을 알았다. 그는 사물이나 사람에 대해 깊게 현존했기 때문에 깊이 보고 또 깊게 보는 관조적인 사람이기도 했다. 그것이 평화와 화해를 위한 첫걸음이다.

 프란치스코는 주의 깊게 바라보았고, 존경심과 사랑으로 바라보았다. 앞 장에서 보았듯이, 이런 종류의 바라봄은 그에게서 정서적인 반응과 연민의 반응 그리고 보이는 것에 대한 감정의 반응을 끌어냈다. 그는 감동하였다. 행동으로 이끄는 것은 마음의 움직임이다. 적어도 그것은 찬미로 이어지거나, 또는 보이는 사람이 다치거나 상처를 입으면 그를 도울 필요성으로 이어진다. 프란치스코가 누군가에게 필요한 도움을 줄 때는 그 도움이 최소한이 아니다. 예를 들어, 그는 나병 환자를 보며 한계를 뛰어넘었다. 그들에게 단순히 동전이나 음식만을 주지 않는다. 그는 그들 가운데 가서 살면서 "그들에게 자비를 베푼다." 이는 상호 간의 교환이다. 곧 그는 그들과 〈함께〉 자비를 베푸는 것이다. 그들은 모두 자비를 경험한다.

 나는 그렇게 상호 간에 주고받는 것이 프란치스칸 평화 만들기의 기반이라고 믿는다. 부끄러움이나 두려움, 또는 가난한 사람들과 상처받은 사람들에게 다가가지 못하게 하는 것이 무엇이든 극복해야 한다. 그럼으로써 여러분은 단지 자신만을 섬기는 데서 벗어나 다른 사람과 새롭고 예상치 못한 유대를 경험하여 심오한 화해를 이루는, 놀라운 단맛을 주는 영혼의 세계로 들어간다. 그리고 여러분은 그곳에서 머무르기를 원하게 되는데, 그곳은 꼭 물리적인 장소뿐만 아니라 사자와 양이 서로 뒹구는 영적이고 심리적인 공간이다.

유대는 고정된 것이 아니다. 그것은 여러분이 새로운 장벽을 계속 극복하고, 낯설고 두려운 장벽을 넘어서 어디를 가든 여러분 자신이 바로 화해의 장소가 될 때만 지속된다. 그렇게 이동하면서 평화를 만든 사람이 바로 성 프란치스코였다.

프란치스코 교황은 양을 돌보는 것이 무엇을 의미하는지에 대한 표징을 주면서 그러한 유대를 구체화하고 가시화했다. 2013년 취임 첫 성주간에 그는 성유축성미사에 모인 사제들에게 "양 냄새 나는" 목자가 되라고 권고했다.[13] 이것이 바로 평화를 만드는 행위와 관련된 것이다. 그것은 거칠고 힘든 일이지만, 또한 이전에는 불쾌하고 역겨운 냄새라고 생각했던 달콤한 향기도 함께 가져온다.

국경을 넘고 장벽을 극복하는 것을 사랑으로 행하면 존재하는 모든 것에 경외감을 느끼게 하는, 현실에 새로운 시각을 가져다준다. 프란치스코의 초기 동료들은 영원한 빛이 형제들의 정신을 비추고 있기에 프란치스코는 등잔과 등 그리고 양초를 아끼곤 했다고 말했다. 다소 지나치지만, 그것은 성 프란치스코가 누구였는지, 곧 그가 어떻게 무엇을 보게 되었는지로 인해 약간은 과장된 듯도 하다. 그의 시각은 바뀌었기에 하느님의 피조물에서 발하는 하느님의 빛을 볼 수 있었다. 비록 그가 말년에 그리스도인과 이슬람교도 사이의 평화와 화해를 위해 제5차 십자군 원정에 갔던 이집트에서 병에 걸려 앞을 볼 수 없게 되었음에도 말이다.

그가 평화를 전하면서 이집트의 다미에타Damietta에 도착했을 때 십자군은 그를 비웃었다. 그러나 술탄 말릭 알-카밀Malik al-Kamil은 그의 말을 경청했고, 그들은 친구가 되었다. 그들은 서로에게서 발견되는 낯설거나 심지어 혐오스러운 것까지도 받아들인 것으로 보인다. 그것은 성 프란치스코의 생애에서 매우 극적인 이야기 중의 하나이며, 오늘날 텔레비전 방송용 다큐멘터리 드라마 "술탄과 성인"으로 촬영될 만큼 충분히 가치가 있다.

이야기는 이렇게 흘러간다. 1219년 제5차 십자군 전쟁이 한창일 때 프란치스코는 십자군과 지지자들을 독려하기 위한 십자군 설교가가 아니라 십자군의 추기경 펠라지우스Pelagius와 술탄 말릭 알-카밀에게 평화의 복음을 전하러 다미에타로 갔다. 십자군은 그를 무시했지만, 알-카밀은 그를 진영으로 받아들여 9월 1일부터 26일까지 2주 이상 프란치스코와 대화를 나누었다. 두 사람은 평화에 대한 열망과 서로의 신성한 문서인 예수 그리스도의 복음과 꾸란에 대한 헌신을 서로 인정했다. 알-카밀은 독실한 수니파 이슬람교도였고, 프란치스코도 물론 독실한 그리스도인이었다.

프란치스코는 일찍이 하느님께서 나병 환자와 같은 뜻밖의 장소에서 우리를 놀라게 하신다는 것을 알았는데, 지금은 말릭 알-카밀의 궁정에 있는 술탄의 진영에서였다. 프란치스코가 대담하게 이슬람 세력과 화해한 것은 당시의 정신에서 크게 벗어난 것이었다. 특히 인노첸시오 교황이 직접 제5차 십자군 원정을 소집하고, 성지 탈환을 위해 이슬람과의 전쟁을 선포한 교회 안에서는 더욱 그러했다.

항상 위계적인 교회에 순종했던 프란치스코는 인노첸시오

3세의 제4차 라테란 공의회의 법령, 특히 윤리 개혁과 성체성사와 관련된 법령을 충실히 설교하고 가르쳤다. 그러나 프란치스코와 그의 형제들은 십자군 전쟁과 관련하여 그 어떤 것도 지지하지 않았다. 프란치스코는 전쟁을 혐오했을 뿐 아니라 우리가 "다른 사람"이라고 부르는 사람들, 심지어 우리가 적으로 여기는 사람까지도 진정한 우리의 형제자매라는 것을 알았다.

말릭 알-카밀도 평화를 원하는 사람이었기에 거듭 평화를 호소했지만 십자군, 특히 펠라지우스 추기경에게 거절당했다. 프란치스코가 술탄의 진영을 떠날 때 알-카밀은 프란치스코에게 아름다운 상아로 만든 뿔을 주었고, 프란치스코는 후에 기도하도록 사람들을 부르기 위해 이 뿔을 사용했다. 술탄은 또한 프란치스코에게 하느님이 자신에게 길을 보여주시도록 기도해 달라고 부탁했다.

프란치스코는 이탈리아로 돌아와 1221년 수도규칙에 비신자들에게 가는 형제들에 관해 다음의 조항을 추가했는데, 곧 형제들은 그들 가운데 가서 착한 그리스도인으로 살 수 있고, 또 그것이 하느님의 뜻이라면 형제들은 복음을 전할 수 있다는 것이다. "만일 그것이 하느님의 뜻이라면"이라는 구절은 이 맥

락에서 흥미롭다. 왜냐하면 그것은 이슬람의 흔히 반복하는 구절인 '알라의 뜻대로'를 뜻하는 〈인샬라enshallah〉를 연상시키기 때문이다. 수도규칙에 추가된 이 두 가지는 성 프란치스코의 것으로 여겨지는 권고인 "항상 설교하십시오, 필요하다면 말로 전하십시오"라는 말의 기원일 수 있지만, 실제로 그가 이 말을 하지는 않았다.

프란치스코가 죽기 2년 전인 1224년에 라 베르나에 갈 때, 그는 술탄 말릭 알-카밀을 마음에 품고 있었다. 그는 호노리오Honorius 3세와 프리드리히Frederick 2세 황제가 고려하고 있는 새로운 십자군 원정에 연루될 알-카밀과 모든 그리스도인 그리고 이슬람교도를 위해 몹시 슬퍼하고 있었다. 이 계획은 1225년 6월에 십자군 원정을 시작하는 것으로 되어 있었다. 프란치스코는 라 베르나에서 이러한 생각을 하면서 이슬람의 "하느님의 99개 아름다운 이름"을 반영하는 "지극히 높으신 하느님께 드리는 찬미"를 썼다. "지극히 높으신 하느님께 드리는 찬미" 뒷면에 프란치스코는 레오 형제를 축복하고 나서 입에서 커다란 타우Tau 십자가가 나오는 터번을 쓴 사람의 머리를 그렸다. 타우는 십자군 칼의 칼자루로서 교회에서 상징하는 것과는 대조

적으로 프란치스코에게는 평화의 상징이다. 십자군에서 십자가를 든다는 것은 이교도들에 대적하여 칼을 드는 것을 뜻한다.

프란치스코는 타우 표시를 평화의 상징으로 제안하여 제5차 십자군 원정 때 받아들여진 타우에 대한 의미에 다시 한번 역행한다. 프란치스코는 평화와 평화의 조성을 전쟁과 폭력이 일그러뜨린 것을 아름답게 되살리는 방법으로 보고 있다.

프란치스코와 술탄의 이야기는 프란치스칸 전통의 또 다른 독창적인 이야기 때문에 가능했다. 그것은 형제들 스스로 몇 번이고 되뇌며 의지하는 이야기이다.

프란치스코가 어느 겨울날 레오와 함께 페루자에서 그가 사랑하는 포르치운쿨라, 천사들의 성모 마리아 성당으로 돌아오고 있었다. 살을 베어내는 듯한 추위가 뼛속까지 파고들어 걸어가는 그들의 몸이 떨리고 있다. 그러다가 갑자기, — 그가 절망에 가까웠을 때 산 다미아노의 십자가에서 프란치스코에게 말씀하셨듯이,— 그리스도께서는 이제 차갑고 쓰라린 침묵 속에서 프란치스코를 통해 말씀하기 시작하신다.

"레오 형제여."

"예, 프란치스코 사부님."

"우리 작은 형제들이 많은 사람에게 성덕과 감화의 훌륭한 모범을 보여준다고 하여도, 그러나 사랑하는 형제여, 거기에는 완전한 기쁨이 없다고 기록해 놓으시오."

그러고 나서 프란치스코는 침묵하고, 그들은 침묵 속에서 걸어간다. 레오 형제는 하느님께서 프란치스코에게 말하라고 한 것이 그것뿐인지 궁금해한다. 하지만 프란치스코는 다시 말한다.

"레오 형제여."

"예, 프란치스코 사부님."

"우리 형제들은 치유자로 알려져 있습니다. 하지만 우리가 눈먼 이를 눈뜨게 하고, 등 굽은 이를 고쳐주고, 마귀를 쫓아내고, 귀머거리를 듣게 하고, 절름발이를 걷게 하고, 말 못 하는 이를 말하게 하고, 죽은 지 며칠이나 지난 사람까지도 살려낸다고 할지라도, 레오 형제, 그러한 것은 완전한 기쁨이 되지 않는다고 기록해 놓으시오."

그들은 더는 추위로 떨지 않는다. 두 사람은 그리스도께서 그들에게 하시는 말씀을 들으며 흔들림 없이 걸어가고 있다.

"레오 형제여."

"예, 프란치스코 사부님."

"어떤 형제가 모든 나라말과 온갖 지식과 성경의 모든 것에 능통하고, 그래서 양심과 영혼의 비밀뿐만 아니라 미래를 예언하고 밝힐 수 있다고 하여도, 그러한 것이 완전한 기쁨이 아니라고 기록해 놓으시오."

그들은 계속 걸어간다. 레오 형제는 프란치스코가 이미 완전한 기쁨이 무엇인지를 알고 있는지 궁금해한다. 아니면 그리스도께서 엠마오로 가는 길에서 두 제자에게 하신 것처럼 길에서 두 사람 모두에게 밝혀주실까?

"레오 형제여."

"예, 프란치스코 사부님. 듣고 있습니다."

"하느님의 어린양 레오 형제여, 가령 작은 형제가 천사의 말을 하고 별의 궤도와 약초의 효력을 알고 또 우리의 누이고 어머니인 땅의 보물을 다 찾아내게 되고, 새와 물고기와 온갖 짐승, 사람, 나무, 바위, 뿌리와 물의 길을 알고 있다고 하여도 그러한 것은 완전한 기쁨이 아니라고 기록해 놓으시오."

걷는 것은 이제 침묵 속에서 듣는 기도가 되었다. 바람이나 차가운 진흙 속에서 나는 그들의 발걸음 소리도 그리스도의 말씀을 듣는 데 방해가 되지 않았다.

"레오 형제여, 가령 우리 중 한 사람이 설교에 아주 능하여 그의 말로 불신자들을 개종시켜 그리스도에 대한 신앙으로 이끌어 들인다고 하여도, 이러한 것이 완전한 기쁨이 아니라고 기록해 놓으시오."

마침내 레오 형제는 더 이상 긴장감을 견딜 수 없게 되었다.

"프란치스코 사부님, 하느님의 이름으로 간청합니다. 그렇다면 완전한 기쁨이 무엇입니까?"

그러나 프란치스코는 침묵하며, 그리스도의 대답을 기다리고 있다.

"레오 형제여."

"말씀하십시오, 프란치스코 사부님. 듣고 있습니다."

"레오 형제, 우리가 비에 흠뻑 젖고, 추위에 얼고, 진창에 빠져 형편없이 되고, 배고파 기진맥진하여 천사들의 성모 마리아에 도착해 수도원의 문을 두드릴 때, 문지기 형제가 화를 내며 '당신들은 누구요?' 하고 묻습니다. 우리는 '형제님은 우리를 알고 있습니다. 우리는 당신들의 두 형제입니다'라고 대답합니다. 그리고 문지기 형제가 말합니다. '거짓말 마라! 너희는 사방을 돌아다니며 착한 사람들을 속이고 가난한 사람들이 구걸한 것을 빼앗아 먹는 사기꾼들이다. 썩 물러가거라!'

그러고는 우리를 들여보내지도 않고 굶주림과 추위에 떨면서 쏟아지는 추운 빗속에 밤새도록 밖에 서 있게 할 때, 그런 학대와 거절을 인내로써 달게 받고 불평하지 않고 침착하게 견디면서 겸손히 애덕으로 '문지기 형제가 말한 것은 정말이다. 우리를 비난하도록 하느님께서 시킨 것이다'라고 생각한다면, 온순한 사자인 레오 형제, '이것이 완전한 기쁨입니다'라고 기록해 놓으시오. 그리고 우리가 끝내 문을 두드리면 문지기가 더 화를 내며 튀어나와 욕설을 퍼붓고 때리면서 우리를 내쫓을 때, 우리가 참을성 있고 유쾌하게 그리고 자비롭게 이 모든 것을 참아 받아낸다면 '이것이 완전한 기쁨입니다'라고 기록해 놓으시오.

그리고 우리가 하는 수 없이 몇 번이고 다시 돌아와서 울부짖으며 제발 문 좀 열어달라고 애원하는데, 화가 머리끝까지 치민 우리 형제가 옹이가 박힌 몽둥이를 들고 우리를 때린다고 할 때, 우리에게 당신에 대한 사랑 때문에 모든 것을 견디라고 가르치신 복되신 그리스도의 고통을 기억하면서 참을성 있고 즐겁게 그러한 학대를 견디어 내면, 레오 형제, '이것이 완전한 기쁨입니다'라고 기록해 놓으시오. 무엇보다도 그리스도께서 당신의 친구들에게 베푸시는 온갖 은총은 바로 자기를 눌러 이기고, 고통, 상처, 모욕, 고난을 그리스도께 대한 사랑 때문에 달게 참아 받게 하는 성령의 선물이기 때문입니다. 하느님의 다른 선물은 자랑거리로 삼을 것이 못 됩니다. 그것은 우리의 것이 아니라 하느님의 것이기 때문입니다. 그러므로 사도 바오로께서는 '나는 그리스도의 십자가 외에는 어떠한 것도 자랑하고 싶지 않습니다…….'(갈라 6,14)라고 말씀하셨습니다."

이 이야기는 프란치스칸이 가장 좋아하는 이야기이다. 그것은 십자가에 못 박힌 가난하신 그리스도를 본받는 겸손에서 우러나오는 참된 프란치스칸 기쁨의 원천을 드러낸다. 그것은 바로 진정한 형제애를, 곧 가난하고 버림받은 사람들과 수도원의 문을 두드리는 초대 받지 않고 원치도 않는 사람들에게 닫히고 안전한 장소가 아닌 치유와 용서의 장소로 만드는 것이다. 참된 형제애에서 형제들은 자신의 상처와 질투, 권력에 대한 욕망을 보는 법을 배우고, 자신과 서로에게 용서하는 법을 배웠다. 형제들은 스스로 웃는 법을 배우고, 이것이 완전한 기쁨이라고 서로에게 말한다. 그래야만 그들의 형제애가 다른 사람들을 위한 치유의 장소가 된다.

그래서 프란치스코는 일루미나토Illuminato 형제와 함께 제5차 십자군 전쟁이 한창일 때 다미에타에 그리스도의 평화를 가져다주려고 애썼는데, 두 형제는 완전한 기쁨이 그들을 기다리고 있다는 것을 미리 알고서 그곳에 가는 환상이 없었다. 이렇게 해서 두 명의 작은 형제는 십자군과 술탄의 경비병들로부터 완전한 기쁨의 많은 시련을 겪고 나서야 술탄 말릭 알-카밀 앞에 받아들여지게 되었다.

이것이 평화를 만드는 방법이다. 이것이 바로 성 프란치스코가 말과 행동으로 말하는 것이다.

성 프란치스코의 지혜

그는 동료들에게 다음과 같이 말했다. "가서 만민에게 그들의 죄가 사해질 수 있도록 평화와 회개의 소식을 전하십시오. 시련을 견디어내고 기도하는 데 있어서 주의하며 결코 일하기를 그치지 마시오. 말하는 데 있어서는 삼가고 행동에 있어서는 질서 정연하며 은혜를 베푼 자에겐 감사히 여기십시오. 이렇게 하면 그 보답으로 영원한 왕국이 당신들을 위해 마련되고 있다는 것을 명심하십시오."(「대전기」 3,7)

....

형제들이 말로 평화를 전할 때에는 형제들의 마음에 한층 더 그러한 평화가 있어야 합니다. 어떤 사람도 여러분들로 해서 분노하지 않고 또 불미스러운 이야기가 생기지 않도록 합시다. 오히려 그들을 여러분의 온화한 모습으로 평화와 자비와 화목으로 이끌도록 하십시오. 우리는 상처를 입은 사람들을 낫게 하고, 갈라져 있는 사람들을 하나로 묶고, 길을 잃은 사람들을 집으로 데려오라는 부름을 받았습니다 (「세 동료[14]」 58).

여섯 번째 가르침

CReatiON

하느님의 집인
모든 피조물

그가 동굴 밖으로 나와 높은 수바시오산에서 아씨시를 내려다 보았을 때, 마치 모든 창조물이 동굴 아래에 펼쳐져 있는 가운데 하느님의 선하심이 그에게 쏟아지는 것 같았다. 그는 오직 그 순수한 선함과 하느님이 어떻게 우리와 당신의 생명을 나누시는지만 생각했다. 선하고 아름다운 모든 것은 하느님에게서 나온다. 하느님은 나자렛 목수의 아들로 우리 가운데 오신, 복되신 삼위일체의 한 위격인 그리스도 예수님을 우리에게 주시기까지 하셨다. 예수님은 우리 중 한 분이었지만, 그 이상이셨다. 오직 그분만이 하느님을 온전히 찬미할 수 있지만, 그분은 하느님을 찬미하는 방법을 보여주기 위해 우리에게 오셨다. 오직 예수님만이 복되신 삼위일체의 범위 밖에서 하느님을 완전하게 사랑하는 분이었다. 예수님을 포함한 모든 것과 모든 사람은 삼위일체로부터 나온다. 그리고 존재하는 모든 것은 예수 그리스도 안에 존재한다.

이는 프란치스코의 생각을 넘어선 것이었다. 서로 주고받는 것을 사업으로 이해하는 장사꾼의 아들인 그에게는 너무 차원 높은 생각이었다. 프란치스코는 그가 알고 있는 사업의 세계와 하느님의 경제는 다르다는 것을 알았다. 하느님 편에서 모든 것이 주어졌다. 그 대가로 우리가 돌려드릴 수 있는 것은 오직 성부께서 영원히 주시는 것을 충분히 갚으실 수 있는 예수 그리스도를 통한 찬미뿐이었다. 우리는 찬미를 드릴 수 있다. 그리고 당신의 신성한 본성 안에 모든 피조물을 요약하고 포함하는 예수님으로부터 시작하여 하느님께서 삼위일체 밖에서 창조하신 모든 것을 돌보고 보살피는 것이다.

프란치스코는 창세기에 나오는 사물의 시작에 관한 두 가지 이야기를 알고 있었다. 한 이야기는 모든 작은 생물에 대한 인간의 지배를 강조한다. 또 다른 이야기는 지구를 포함한 모든 피조물에 대한 인간의 보살핌과 양육에 관한 것이었다. 프란치스코는 두 번째 이야기를 더 좋아했다. 그것은 그가 누구인지 그리고 그를 둘러싼 세상과의 관계를 어떻게 보아야 하는지에 대해 그에게 호소했다. 그래서 그는 모든 피조물을 위하여, 모든 피조물 안에서 그리고 모든 피조물을 통하여, 모든 피조물과 함께 예수 그리스도를 통하여 하느님을 찬미할 것이다. 또 그는 창세기의 하느님 말씀대로 피조물을 돌보고 양육할 것이다. 하느님께서는 모든 좋은 것을 주시고, 인간은 찬미와 돌봄으로 돌려드리는 것이 프란치스코가 이해할 수 있는 경제였다. 그는 찬미를 드려야 마땅하다는 것을 알고 있었기에 찬미하지 않으면 돌보거나 양육할 수도 없었을 것이다. 또 돌보거나 양육해야 하는데, 그러지 못하면 그의 찬미 또한 공허했을 것이다. 이는 그의 이야기이자, 모든 이에게도 가장 기본이 되는 뿌리 깊은 이야기일 것이다. 시련이 우리 모두에게 닥치겠지만, 찬미와 돌봄은 우리를 계속 나아가게 할 것이다. 그것이 무엇이든 간에 찬미하고 돌보는 것은 사랑이다. 좋음을 한없이 받고 찬미와 돌봄으로 갚는 것, 그것이 바로 하느님의 선한 장사꾼이 하는 일이다. 그것이 바로 아씨시에 들어서기 시작한 화폐 경제와 균형을 이루는 사랑의 경제였다.

그래서 그는 항상 자신과 형제들 삶의 전면에서 찬미를 아끼지 않을 것이다. 그들은 모두 찬미하기를 기억하려 노력할 것이다. 그리고 형제들을 돕기 위해 프란치스코는 정원지기 형제에게 정원에 채소만 심지 말고 제철에 꽃 자매가 피어나도록 작은 땅덩이를 남겨두라고 지시할 것이다. 그때 형제들은 달콤한 향기가 나는 풀과 꽃이 피어난 작고 예쁜 화단을 보고, 하느님을 찬미하도록 모든 사람을 초대할 것이다. 꽃 자매는 "오, 사람이여, 하느님께서는 여러분을 위해 나를 만드셨다오!"라고 말할 것이기 때문이다.

2017년 7월 13일 목요일 〈뉴욕 타임스〉 기사이다. "이번 주 델라웨어주 크기의 유빙 덩어리가 남극 반도에서 떨어져 나갔다고 NASA가 수요일 확인했습니다. 이는 지금까지 기록된 큰 빙산 중 하나이며, 남극의 빙하가 궁극적으로 어떻게 붕괴하기 시작하는지를 보여줍니다."

종이를 쥔 손이 떨리기 시작했다. "오, 인간아!" 나는 텅 빈 방을 향해 소리쳤다. 우리가 어떻게든 이러한 지구의 우려할 만한 변화를 가속하는 데 책임이 있으리라고 생각했다. 이것이 무슨 뜻일까? 내 마음은 성 프란치스코의 "피조물의 노래"에 담긴 "우리를 기르고 보살피며, 울긋불긋 꽃들과 풀들과 온갖 열매를 낳아주는" 우리의 어머니인 땅 자매를 찬미하는 연聯으로 달음질쳤다. 그리고 꽃들과 풀들은 "오, 사람이여, 하느님께서는 여러분을 위해 우리를 만드셨다오!"라고 외쳤다.

우리 자매요 어머니인 땅이 하는 일에 대한 원래의 움브리아 언어는 "laquale ne sustenta et governa"로, 문자 그대로 풀이하면 "지탱하고 다스리는 자"이며, 한 번역에서는 "그녀의 주권governa으로 그녀는 양육한다sustenta"로 번역된다. 하지만 이탈리아어로 〈governa〉는 "돌보다, 지시하고 보살피다"를 의미하기도 한다. 성 프란치스코는 땅을 하느님의 선물로 여기는데, 땅이 우리를 돌보고 우리의 삶을 양육하게 함으로써 하느님은 우리를 돌보고 보살피신다. 그렇다면 이 선물에 대한 우리의 응답은 무엇일까?

분명히 무관심은 아니고, 포기는 더욱 아니다! 그렇다면 우리를 기르고 보살피는 하느님의 선물인 우리의 자매요 어머니인 땅을 무시할 뿐만 아니라 남용한다면 그 결과는 어떻게 될까? 대체 어떤 오만과 탐욕이 땅을 남용하는 것일까? 그것은 사람을 울부짖게 하고, 지구를 파괴하는 자들을 미워하고 싶은 유혹을 느끼게 한다. 증오가 하느님의 사랑과 보살핌의 효과를 더욱 감소시킨다는 것을 몰랐다면 말이다. 우리는 윌리엄 블레이크William Blake의 시 "런던"에서 이 같은 장면을 만들어내는 증오와 방치를 읽어내고 질리지 않았던가.

> 굴뚝 청소부의 외침이
> 검게 그을리는 교회를 얼마나 놀라게 하는지.
> 불운한 병사의 한숨 소리가 얼마나
> 궁궐의 벽에 핏빛으로 흘러내리는지.[15]

전쟁과 탐욕과 방치. 성 프란치스코가 "피조물의 노래"를 부른 지 800년이 지난 지금도, 블레이크의 시가 나온 지 200년이 지난 지금도 이 일들은 되풀이되어 서로를 비추고 있지 않은가!

나는 어떻게 하면 우리의 삶을 되돌리고, 우리의 자매요 어머니인 땅을 다시 존경할 수 있을지 그리고 블레이크의 시 "호랑이"에 등장하는 그 호랑이의 무시무시한 눈 너머를 보면서 어떻게 어머니인 땅이 우리를 돌보고 양육하게 할 수 있을지, 무력감을 느꼈다.

어느 먼 심연, 혹은 하늘에서
그대 눈의 불길은 타올랐는가?
어떤 날개로 그는 감히 날아올랐는가?
어떤 손길이 감히 그 불길을 붙잡았는가?[16]

불길한 일이 일어나기 시작한다. 그중에 우리가 만든 것이 얼마나 될까? 아마 성 프란치스코가 다시 한번 우리를 도울 수 있을 것이다.

그의 말과 삶에서 보인 가장 큰 가르침은 하느님이 계신다는 것이다. 그는 예수님이 "우리 아버지"라고 부르신 분의 "부재"를 경험했다. 그리고 같은 아버지께서 다른 인간, 특히 나병 환자와 같이 가장 비천하고 버림받은 인간들 속에 현존하시면서 잃어버린 프란치스코를 발견하셨다.

페루자에 투옥된 후 그리고 아씨시의 집에서 오랫동안 요양한 후에 자연계도 죽은 것처럼 보였고, 그 자연 세계가 주는 영광스러운 매력은 프란치스코에게 더 이상 현실이 아니었지만, 하느님은 그때 그곳에서도 프란치스코를 찾으셨다. 그가 우리 가운데, 우리 안에 하느님이 머무르신다는 것을 알고 기억하게 되면서 자연도 그에게 하느님에 관하여 말하기 시작했다. 프란치스코의 첫 전기 작가인 토마스 첼라노 형제는 이렇게 썼다.

> 그는 창작가이신 그분을 찬미하였다. 피조물에서 무엇을 발견하든 그는 창조주와 관련시켰다. 그는 주님의 손에서 빚어진 모든 작품 안에서 즐거워하였고 유쾌한 사물들의 배후의 뜻을 살핌으로써 그 사물들에 생명을 부여하는 이성과 원인을 보았다. 그는 아름다운 사물들 안에서 아름다움 그 자체를 보았다. 모든 사물이 그에게는 선이었다. 그들은 "우리를 만드신 분은 가장 좋으신 분입니다"라고 그에게 외쳤다. 그분의 발자국이 서려 있는 사물들을 통하여 그는 어디서나 사랑이신 그분을 따라갔다. 그는 홀로 모든 사물에서 사다리를 만들어 그 사다리를 밟고 옥좌로 올라갔다.[17]

성 프란치스코는 피조물과 창조주 사이의 무한한 간격을 직관적으로 파악했다. 그리고 창조주께서 예수 그리스도 안에서 우리와 같은 사람이 되기 위해 그 틈새를 메우시는 것을 보았다. 회개한 후 프란치스코의 전 생애는 만물의 영원한 창조주이신 하느님의 그토록 심오한 자기 비움에 대하여 삶으로 응답하는 것이었다. 그는 하느님의 손으로 하신 일에 대해 그분께 찬미와 감사를 드림으로써, 창조된 모든 것을 경외함으로써, 우리를 위해 순수하고 사심 없는 사랑으로 육화하신 하느님을 만나지 못하게 하는 모든 집착을 비움으로써 그렇게 했다.

그의 초기 동료들에 따르면, 프란치스코는 자주 펑펑 울곤 했다. 형제들이 왜 그렇게 우느냐고 물으면, 그는 "사랑이 사랑 받지 못하기 때문입니다"라고 답했다. 그 대답이 곧 프란치스코가 피조물을 그토록 깊이 사랑한 이유이다. 하느님의 창조 안에 있는 모든 것이 존재하는 이유는 그분이 사랑 안에서 그것들을 만드셨고, 육화의 신비 안에서 창조물과 하나가 되심으로써 그 사랑을 증명하셨기 때문이다.

그는 구더기 한 마리를 보고도 큰 사랑에 불탔다. 그는 거기에서 구세주께 대하여 씌어 있는 말씀을 읽었기 때문이었다. "저는 인간이 아닌 구더기."(시편 22,7) 그러므로 그는 구더기를 길에서 집어 들고, 행인들의 발에 밟힐까 봐 안전한 곳에다 옮겨 주었다. 그는 겨울에는 벌들이 약해지지 않게 하려고 꿀이나 질이 좋은 포도주를 공급해 줄 정도였으니,…… 그는 벌들의 완벽한 일 처리와 탁월한 기술을 하느님의 영광을 위하여 여러 사람 앞에서 칭찬하였고, 벌이나 다른 피조물들을 찬탄하며 하루를 온통 보내곤 하였다. …… 이 사람도 하느님의 기운이 마음에 가득 차서 창조된 삼라만상에서 만물의 창조주이시며 지배자이신 분께 끊임없는 영광과 찬미와 축복을 바쳤다.
…… 그는 사고의 눈을 이사이의 그루터기에서 피어나와 봄날에 빛을 주며, 그 향기로 해서 헤아릴 수 없이 많은 주검을 부활시킨 바 있는 그 꽃의 아름다움으로 돌리곤 했다. 그는 꽃 무리를 보게 되면 마치 꽃에 이성이 있는 양 설교하였고 주님을 찬미하도록 권하였다. 같은 식으로 그는 잡곡 밭, 포도밭, 돌, 숲 그리고 들에 있는 예쁜 열매들, 흐르는 샘물, 동산의 푸른 풀이나 나무, 땅, 불, 공기, 바람에게도 하느님을 사랑하고 기꺼이 하느님께 봉사하도록 가장 성실하고 순수한 마음으로 권하였다. …… 이미 그는 사도 바오로께서 로마 신자들에게 보낸 서간의 "그러므로 이제 그리스도 예수님 안에 있는 이들은 단죄를 받을 일이 없습니다"(로마 8,1)라는 하느님 자녀들이 누리는 영광의 자유에 뛰어든 사람이었다.[18]

세상에 존재하는 창조물 또는 자연은 제압하고 억압하는 소유권 대신 양육하는 관계의 법을 기반으로 하는 자유의 장소이다. 그것은 계층적 관계보다는 삼위일체적 관계의 장소이고, 폐쇄보다는 개방의 장소이다. 예수회 시인 제라드 맨리 홉킨스 Gerard Manley Hopkins는 그의 시 "하느님의 장엄"에서 이렇게 말한다. "모든 것의 깊은 곳에는 가장 고귀한 신선함이 살아 있다."[19] 프란치스코는 나병 환자 안에서 그리스도를 만나 이 진리를 처음으로 깨달았다. 젊은 프란치스코에게 혐오감을 일으키는 사람, 다른 사람이 거부하는 사람 안에 하느님께서 머무르실 수 있다면, 하느님은 나자렛 출신의 가난한 목수의 아들 안에서 머무르시고 우리에게 현존하실 수 있다.

프란치스코는 더 깊은 묵상을 통해 하느님이 창조하신 모든 것에 하느님이 깃들어 계시고, 따라서 그 자체로 악한 것은 없으며, 모든 것이 경외와 존경받을 가치가 있는 것은 창조주 때문이라고 확신했다. 더 나아가 모든 피조물은 예수님 안에서 우리 가운데 계신 하느님의 신비 안에서 거룩하게 된다. 예수님은 하느님이셨지만, 피조물과 생물이든 무생물이든 피조물 가운데 하나가 되심으로써 모든 피조물을 거룩하게 하셨다.

프란치스코의 이러한 통찰은 중세의 위대한 프란치스칸 철학자이자 신학자인 복자 요한 둔스 스코투스John Duns Scotus에 의해 설명되고 공개되었다. 그는 이 통찰을 다소 위협적인 문구인 그리스도의 절대 예정Absolute Predestination과 보편적 으뜸성Universal Primacy이라고 명명했다. 그러나 그것은 기본적으로 둔스 스코투스가 육화는 아담의 죄의 결과이고, 아담이 죄를 지었기 때문에 예수님이 오셨으며, 우리에게 구원이 필요하다는 당시의 널리 퍼진 가르침을 거부했음을 의미한다. 둔스 스코투스는 육화가 죄와 같이 부정적인 것에 의존해야 한다는 것은 상상도 할 수 없었기에 이러한 생각을 거부했다. 그는 다음과 같이 말한다.

> 그러므로 나는 타락이 그리스도를 예정한 이유가 아니었다고 말한다. 어떤 천사나 인간이 타락하지 않았더라도 그리스도는 여전히 예정되었을 것이다. 그렇다, 그리스도 외에는 다른 어떤 것도 창조되지 않았을지라도 말이다.[20]

둔스 스코투스의 이 말은 창조된 모든 것의 원형을 자신 안에 포함하는 그리스도를 창조의 정점으로 그리고 하느님의 완전성을 전달하는 데서 하느님 최초의 의도로 그리스도를 확립한다. 둔스 스코투스의 영향을 크게 받은 제라드 맨리 홉킨스는 자신의 영적 저술에서 "당신의 외부에 대한 하느님의 첫 번째 의도, 혹은 그들이 말하는 것처럼 하느님 능력의 첫 번째 강조인 〈외부로 향한ad extra〉은 그리스도이셨다"(S, 197)고 언급한다. 간단히 말해서, 이는 삼위일체에 의해 그리스도가 죄와 구원과는 무관하게 사랑에서 영원토록 원의原意된다는 것을 의미한다.

따라서 둔스 스코투스에게 육화는 죄가 있든 없든 간에 어떤 형태로든 일어났을 사랑의 행위이다. 프란치스칸 학자 앨런 월터Alan Wolter 형제는 강의에서 "하느님으로서 하느님은 열등한 본성의 행위를 하실 수 없었다. 그래서 하느님은 영원으로부터 피조물이 되기를 원하셨는데, 이는 하느님 홀로 하실 수 없는 하느님 사랑의 측면, 곧 당신의 피조물 안에서 당신을 사랑하는 것을 표현하기 위함이다"라고 말했다.

둔스 스코투스는 그리스도가 하느님의 의도에서 첫 번째라고 주장한다. 하느님께 최고의 영광과 완전한 사랑을 무한히 드릴 수 있는 분은 그리스도이시다. 그리스도는 창조의 계획을 세우는 데서 창조주의 마음에 가장 먼저 잉태되신 분이다. 그리스도는 단지 죄악의 틈새를 메우기 위한 임시변통이나 두 번째 추측으로서가 아니라 하느님 안에서 자유롭고 사랑스럽게 원의된다. 성 바오로가 콜로새 신자들에게 보낸 서간 1,15-20에서 말하듯이 말이다.

> 그분은 보이지 않는 하느님의 모상이시며 모든 피조물의 맏이이십니다. 만물이 그분 안에서 창조되었기 때문입니다. 하늘에 있는 것이든 땅에 있는 것이든 보이는 것이든 보이지 않는 것이든 왕권이든 주권이든 권세든 권력이든 만물이 그분을 통하여 또 그분을 향하여 창조되었습니다. 그분께서는 만물에 앞서 계시고 만물은 그분 안에서 존속합니다. 그분은 또한 당신 몸인 교회의 머리이십니다. 그분은 시작이시며 죽은 이들 가운데에서 맏이이십니다. 그리하여 만물 가운데에서 으뜸이 되십니다. 과연 하느님께서는 기꺼이 그분 안에 온갖 충만함이 머무르게 하셨습니다. 그분 십자가의 피를 통하여 평화를 이룩하시어 땅에 있는 것이든 하늘에 있는 것이든 그분을 통하여 그분을 향하여 만물을 기꺼이 화해시키셨습니다.

그리스도는 하느님의 완전한 경배자이시며, 피조물과 창조주 사이를 연결하는 완전한 다리이시기에 그분은 죄로 인하여 생긴 틈새까지 메우실 수 있었다. 하느님께서 죄를 첫 번째로 의도하신 것은 아니었지만, 우리가 죄를 지었기 때문에 하느님이 우리 가운데 오실 때 그리스도께서 드리는 완전한 경배는 그분의 완전한 희생이다. 그분은 속죄하러 온 것이 아니라 모든 피조물의 맏이가 되려고 온 것이다. 그러나 우리가 죄를 지었기 때문에 그리스도께서는 우리에게 하느님의 사랑이 얼마나 큰지를 보여주셨다. 곧 하느님은 우리 중 하나가 되실 뿐만 아니라 우리와 함께 우리를 위해 돌아가시고, 십자가에서 돌아가심으로써 평화를 이룩하신다.

성 프란치스코는 그리스도께서 인간만이 아니라 〈모든〉 피조물의 맏이라는 것을 예리하게 꿰뚫어 보고 있었다. 그런 까닭으로 우리는 프란치스칸 전통에서 프란치스코와 동물에 관한 많은 이야기를 알고 있다.

말년에 형제들이 더는 그의 훈계와 복음의 가르침에 귀를 기울이지 않는 것처럼 보이고 그리스도께서 그들에게 주신 삶의 방식을 바꾸고 있는 형제들과 거리감을 느낄 때, 프란치스코는 산으로 올라가거나 숲으로 들어가 동물들에게 설교하곤 했다. 그리고 그들은 그에게 다가와 귀를 기울이는 것 같았고 —적어도 그들은 조용했다— 특히 작고 연약한 동물이나 새들은 그의 무릎에 앉거나 그의 어깨에 내려앉곤 했다. 프란치스코가 그들과 함께했을 때 그들은 그곳에서 안전하다고 느꼈다.

한번은 형제들이 머무는 그레치오 은둔소 근처에서 어떤 형제가 덫에서 풀려난 아기 산토끼를 데려왔다. 그는 즉시 토끼에게 가엾은 생각이 들어 마치 형제에게 하듯이 "아기 산토끼 형제여, 어찌하다가 이렇게 속아 잡혔습니까?"라고 말했다. 그러자 그 토끼는 그 형제의 손에서 꿈틀거리며 벗어나려 했고, 그 형제는 토끼를 프란치스코에게 가도록 놓아주었다. 토끼는 그의 무릎으로 뛰어들어 더 이상 움츠리지 않고 마치 자기 어머니와 함께 가장 안전한 장소에 있는 것처럼 편안해했다.
　프란치스코는 이 작은 생명체에 애정을 느끼고 어미처럼 다정스럽게 쓰다듬었다. 그런 다음 그는 새끼 토끼를 땅에 내려놓았다. 그러나 토끼는 즉시 그의 무릎으로 번번이 뛰어올랐고,

끝내 프란치스코는 덫에 걸린 토끼를 발견한 형제에게 그 산토끼를 근처의 숲속 깊숙이 데려가 달라고 부탁했다. 그곳에서 토끼는 피난처이자 위험한 자연의 세계로 돌아갔다.

이것이 프란치스코가 그의 형제들에게 해야 할 일이다. 형제들이 어머니에게 하듯이 그에게 다가오고, 프란치스코는 형제들이 더는 그에게 통제받지 않고, 세상이 필연적으로 놓을 덫의 피난처인 수도규칙을 자유롭게 선택할 수 있는 생활 규칙의 세계로 들어가도록 형제들을 놓아주고 자유롭게 해주는 것이다.

그들 자신의 양심과 수도규칙. 이것들은 피난처와 위험이 함께 있는 숲을 통과하는 형제들의 길잡이였다. 양심과 수도규칙은 형제들에게 무한하고 영원한 사랑을 지니시고 인간으로서 우리와 함께하신 창조주보다 피조물을 더 사랑하는 덫에 걸리지 않고, 숲의 모든 피조물을 형제자매로 사랑하는 방법을 보여줄 것이다.

프란치스코는 대부분 자신의 마음속에 있는 세상의 어두운 숲속에 있었다. 그런 다음 주님께서 꿈과 꿈 밖에서 그에게 말씀하시니, 전에는 어둡고 끔찍하게 보였던 것이 어둠을 이기는 빛으로 바뀌었다. 그리고 그 빛은 그리스도이셨다. 양심과 수도규칙은 어둠이 빛을 이기려 해도 빛을 붙잡을 것이다. 그리고 그 빛은 창조된 모든 것을 비추고 선하게 만든다. 빛이신 그리스도는 어머니의 사랑보다 더 밝게 빛나기 때문이다.

그래서 그는 모든 피조물을 사랑했다. 그는 그들이 어디서 왔고, 누가 그들을 지탱하는지 알고 있었다. 그렇다면 어떻게 우리가 살아계신 하느님의 표지요 현존인 그들을 남용하거나 무시할 수 있겠는가? 그렇게 하는 것은 가장 치명적인 죄가 될 것이다. 왜냐면 우리 가운데 현존하시는 하느님의 표지, 곧 하느님이 만드신 모든 것에서 우리를 떼어놓을 것이기 때문이다.

그는 외치고 싶었다. "형제들이여, 수도규칙과 양심을 지키십시오. 양심은 형제들을 하느님께 인도할 것입니다. 수도규칙은 길이요 진리요 생명이신 그리스도께서 우리와 모든 피조물이 누구인지, 곧 어둠 속에서 빛나는 빛의 자녀임을 보여주는 복음으로 형제들을 인도할 것입니다."

이냐시오 실로네Ignazio Silone의 위대한 소설 『빵과 포도주 Bread and Wine』에는 무시무시한 장면이 있다. 바로 크리스티나

Cristina가 피에트로 스피나Pietro Spina의 일기를 읽고 나서, 그가 신부가 아니라 변장하고 도망친 공산주의자로서 파시스트 경찰에 쫓기고 있으며, 자신을 사랑한다는 것을 깨닫고는 눈보라가 몰아치는 아브루치Abruzzi산으로 그를 뒤쫓아 간다. 눈보라에 지치고 아무것도 볼 수 없는 그녀는 눈 위에 쓰러질 때까지 그의 이름을 계속 부른다.

그녀는 계속 외쳤다. "피에트로! 피에트로!" 마침내 하나의 목소리가 저 먼 곳에서 대답해왔다. 그러나 그것은 사람의 소리가 아니었다. 그것은 개가 울부짖는 소리 같기도 했으나 그보다 더 길고 더 날카로운 소리였다. 크리스티나는 그것이 무슨 소린지 알 것 같았다. 늑대 울음소리였다. 향연으로 초대하는 울음, 산에 흩어져 있는 다른 늑대들을 부르는 울음, 공동의 잔치에 초대하는 울음이었다. 눈과 다가오는 밤의 어둠을 뚫고서 크리스티나는 한 마리의 짐승이 흩날리는 눈발 사이로 나타났다 사라졌다 하며 그녀를 향해 다가오는 것을 보았다. 그녀는 또 다른 놈들이 그보다 멀리 떨어진 데서 다가오는 것을 보았다. 그녀는 풀썩 무릎을 꿇고, 두 눈을 감고서 십자가를 그었다.[21]

그 충격적인 결말을 처음 읽었을 때, 나는 굽비오의 늑대 이야기가 떠오르면서 프란치스코가 어떻게 이 외로운 늑대를 길들일 수 있었는지 생각했다. 나는 궁금했다. 늑대는 왜 혼자였을까? 그 늑대는 일단 먹이를 찾으면 나머지 무리인 암컷과 새끼들을 위해 울부짖는 늑대의 우두머리였을까? 아니면 다른 늑대는 죽어서 혼자 남은 것일까? 그도 아니면 다른 늑대와 떨어져 결국 굽비오 마을 밖에서 사람들을 공포에 떨게 한 것일까? 어떤 경우이든, 프란치스코와 굽비오의 늑대 이야기는 1226년에 사망한 성 프란치스코 생애의 원천사료 가운데 늦은 시기인 1330년경에 쓰인 『성 프란치스코의 잔꽃송이』에 등장한다. 1229년에 나온 첼라노의 토마스 형제가 쓴 성 프란치스코의 첫 번째 전기와 1247년에 나온 두 번째 전기, 둘 다 굽비오의 늑대 이야기를 담고 있지 않다. 이 이야기에 대한 첫 번째 명확한 언급은 1290년경 프랑스 시인 앙리 다브랑쉬Henri d'Avranches의 『시적으로 묘사한 성 프란치스코의 생애Versified Life of St. Francis』에서 처음으로 나타난다. 이 이야기의 실마리는 굽비오와 페루자 사이에 있는 벨린제뇨Vellingegno의 성 베레콘도San Verecondo 베네딕토 수도원의 13세기 중반 연대기에서 나타난다.

어느 늦은 저녁 프란치스코가 어깨에 거친 자루를 메고 동료와 함께 성 베레콘도 길을 따라 당나귀를 타고 가고 있는데, 어떤 농장 일꾼들이 그를 불러 말했다.

"프란치스코 형제님, 우리와 함께 머물고 더는 멀리 가지 마십시오. 사나운 늑대들이 이 근처를 뛰어다니며 당신의 당나귀를 잡아먹고 당신도 해칠 것이기 때문입니다."

그러자 성 프란치스코는 말했다.

"나는 늑대 형제가 감히 우리 형제 당나귀를 집어삼키도록 늑대 형제에게 해를 끼치지 않았습니다. 잘 가시오, 나의 아들들. 그리고 하느님을 두려워하시오."

그리고 성 프란치스코는 갈 길을 갔다. 그는 다치지 않았다. 그 자리에 있던 농부가 우리에게 이렇게 말해주었다.[22]

굽비오의 늑대에 대한 전체 이야기가 비교적 늦은 시기에 나왔음에도 불구하고 이 이야기에는 전형적인 무언가, 곧 인간 존재의 내부와 외부에 있는 무언가가 있다. 게다가 늑대들은 꽤 오랫동안 이탈리아에서 흔했다. 1956년까지만 해도 굶주린 늑대 무리가 이탈리아 중부의 마을 사람들을 다시 한번 공포에 떨게 했다. 가난하고 연약한 사람들은 늑대가 그들의 동물과 아이들을 위협하든 아니든 늑대를 두려워한다. 혹은 늑대가 아니더라도 땅을 소유한 이 "양의 탈을 쓴 늑대"에게 자신이 생산한 농작물의 대부분을 넘겨주지 않거나 농작물의 대가를 지급하지 않으면, 사람들의 생계를 집어삼키면서 괴로움과 고통으로 위협하는 걸신들린 인간들을 두려워한다.

가난한 사람들의 신화에 나오는 성 프란치스코로 들어가 보자. 그는 늑대를 길들이는데, 형제처럼 그에게 말하고 심지어 그를 "늑대 형제"라고 부른다. 그는 굽비오의 마을 사람들에게 늑대가 먹을 충분한 음식을 제공한다면, 늑대가 다시는 그들을 해치지 않을 것이라고 확신시킨다. 양과 늑대가 평화롭게 함께 누워 뒹구는 일종의 낙원인, 무언가가 복원되었다. 동물의 세계와 인간의 세계, 가진 자와 가지지 못한 자 사이에 일종의 사회적 계약을 통해 변형된 무언가가 다시 아름답게 만들어졌다. 모두가 오래오래 행복하게 사는 이 동화 속에 그런 요소가 모두 담겨 있다. 그래서 이 이야기가 서양 문학의 고전 중 하나인 『성 프란치스코의 잔꽃송이』에 나오는 것이다. 그리고 나는 성 프란치스코의 가르침에 관한 이 책에 이 이야기를 포함한다. 왜냐면 프란치스칸 영성의 많은 부분이 이야기로 우리에게 전해지기 때문이다. 프란치스칸 영성은 방법론이 아닌 이야기 영성이기에 나는 결론적으로 프란치스칸 전통의 위대한 이야기 중의 하나를 전하고자 한다. 이 이야기는 성 프란치스코가 왜 평화를 만드는 사람들과 동물들의 수호성인인지, 왜 동물들에게 이야기하고 동물들에게 귀를 기울이는 그의 모습이 예술에서 계속 그려지는지를 보여준다. 중세의 형제들이 우리에게 전해준 글을 라파엘 브라운Raphael Brown이 현대적으로 번역한 본문을 바탕으로 이 소중한 이야기를 다시 해보겠다.

한번은 성 프란치스코가 굽비오에 머물고 있을 때 그곳 사람들 사이에서 그를 유명하게 만든 놀라운 일이 일어났다.

굽비오 부근의 외곽에 몸집이 크고 사나운 늑대가 몹시 굶주려서 가축뿐만 아니라 사람까지 잡아먹곤 하였다. 굽비오 시민들은 이 늑대가 성문에서 나오는 사람들에게 종종 다가왔기 때문에 공포에 떨고 있었다. 그들은 시내 밖으로 나갈 적에는 전쟁터에 가는 사람처럼 무장하고 나가곤 했다. 그러나 늑대가 길에서 그들을 놀라게 하고, 그들이 늑대의 굶주린 입과 마주하게 되자 그들의 무기는 쓸모없는 것이 되고 말았다. 그래서 그들은 마을을 떠나기를 두려워하기 시작했다.

그러자 하느님께서는 굽비오 시민들에게 성 프란치스코의 성덕을 보여주고자 성인을 하느님의 전령으로 가서 늑대를 만나도록 하셨다. 성 프란치스코가 사람들에게 하느님께서 그에게 하라고 하신 일을 말하자 그들은 한사코 만류했다.

"프란치스코 형제님, 조심하십시오! 문밖으로 나가지 마십시오. 몇몇 무장한 시민들이 늑대와 맞서려고 했지만, 그들은 돌아오지 못했습니다. 늑대가 분명히 당신을 죽일 것입니다. 프란치스코 형제님, 당신은 무장하지 않은 거지일 뿐입니다. 늑대가 날카로운 이빨을 드러내고 당신을 공격할 것입니다."

그러나 성 프란치스코는 이미 모든 피조물의 주님이신 예수 그리스도께 희망을 걸고 있었다. 그래서 성 프란치스코는 오직 십자성호로만 무장하고 한 명의 형제와 함께 용감하게 마을을 빠져나갔다. 그는 동료 형제에게 당신을 믿는 사람들은 독사와 뱀, 심지어 늑대나 사자나 용 사이를 걸을 것이라고 말씀하신 주님을 믿고 신뢰하기만 하면 된다고 말했다. 그리고 두 사람은 그러한 믿음으로 늑대를 만나기 위해 성큼성큼 걸어갔다. 그러자 머뭇거리며 뒤따라오던 몇몇 농부들이 멈춰 서서 말했다.

"프란치스코 형제님, 더 갈 수 없습니다. 너무 위험합니다."
"알겠습니다."
성 프란치스코가 말했다.
"모두 여기서 기다리십시오. 이제 늑대 굴에 혼자 가겠습니다."

바로 그때 성벽 위에 서서 지켜보던 사람들은 늑대가 큰 입을 벌린 채 프란치스코와 그의 동료를 향해 달려오는 것을 두 눈으로 똑똑히 보았다.

그러나 성 프란치스코는 꼼짝하지 않고 가만히 서서 늑대를 향하여 십자성호를 그었다. 그리고 그때 성 프란치스코뿐만 아니라 그의 동료 형제로부터 흘러나오는 하느님의 능력이 늑대의 발걸음을 막자, 늑대가 갑자기 굶주린 입을 다물고 걸음을 늦추기 시작했다.

그런 다음 성 프란치스코는 늑대를 불렀다.

"이리 오너라, 늑대 형제야. 그리스도의 이름으로 명하니 나나 내 형제, 또 다른 누구도 해치지 말아라."

놀랍게도 늑대는 머리를 숙이고 어린양처럼 온순하게 성 프란치스코의 발밑에 드러누웠다. 프란치스코는 온화하지만 단호하게 말했다.

"오 늑대 형제, 늑대 형제야, 너는 이 지역에서 큰 손해를 끼쳤고, 너의 동료 피조물을 무자비하게 죽여서 끔찍하게 나쁜 짓을 해왔다. 너는 너의 동료인 동물들뿐만 아니라 하느님의 형상으로 창조된 사람들도 죽이고 있다. 그러기에 너는 극악무도한 강도나 살인자처럼 사형을 당해야 마땅하다. 그리고 마을 전체가 너를 원수로 생각하고 있다. 하지만 내 형제야, 하느님께서는 내가 너와 그들 사이에 평화를 맺게 해서 너는 시민들을 더는 해치지 말고 그들도 너의 지난 죄를 다 용서하여, 사람이나 개들이 너를 더 이상 몰아내지 않기를 원하신다."

이 말에 늑대는 꼬리뿐만 아니라 온몸을 흔들며, 머리를 숙여 이 계획에 동의한다는 것을 나타냈다. 그러자 성 프란치스코는 다시 이렇게 말했다.

"착한 늑대 형제야, 네가 이 평화 협정을 잘 지킬 것을 원하니, 그 대신 나는 너에게 이런 약속을 하마. 굽비오의 사람들을 시켜 생전에 네가 먹을 음식을 매일 대주도록 하겠다. 네가 다시는 배고픔을 채우기 위해 죽이거나 다치게 하려는 유혹을 받을 만큼 큰 굶주림을 겪지 않을 것이다. 그렇지만 내가 너한테 이 은혜를 얻어주는 대신 늑대야, 너도 이제부터 어떤 사람이나 동물도 절대로 해치지 않겠다고 내게 약속해 주어야 하겠다. 이런 약속을 나한테 해줄 수 있겠니?"

늑대는 약속한다는 표시로 고개를 끄덕였다. 그러나 성 프란치스코는 말했다.

"너는 약속을 지킬 것이라는 표시와 증거를 더 보여주어야 하겠다."

그리고 성 프란치스코는 손을 내밀었다. 그러자 늑대는 앞발을 들어 약속을 지키겠다는 서약의 표시로 성 프란치스코의 손바닥에 온순하게 얹었다. 그런 다음 성 프란치스코가 말했다.

"그럼, 늑대 형제야, 예수 그리스도의 이름으로 나와 함께 마을로 가자. 이제 사람들이 너와 화해하고 약속할 것이니 두려워 마라."

그리고 그들은 함께 걸어 들어갔는데, 성 프란치스코의 옆에 있는 늑대는 어린 양처럼 온순했다. 이 광경에 대한 소식이 순식간에 퍼져서 온 마을 사람들이 성인의 이 놀라운 일을 보려고 장터에 몰려왔다.

사람들이 다 모이니, 성 프란치스코는 무엇보다도 그들의 죄 때문에 이런 재앙이 그들에게 닥쳤다고 설교하기 시작했다. 그리고 오직 그들의 육신밖에 죽이지 못하는 늑대를 두려워하기보다 지옥의 고통을 훨씬 더 두려워해야 한다고 설교했다.

"그러니 친애하는 굽비오의 주민 여러분, 주님께 돌아와서 자기 죄에 합당한 보속을 하십시오. 그렇게 하면 하느님께서는 이 세상에서는 저 늑대로부터 여러분을 구하시고, 또 저 세상에 가서는 지옥에서 여러분을 구해 주실 것입니다."

이어서 그는 덧붙였다.

"잘 들어보십시오! 바로 여기 서 있는 늑대 형제는 자기한테 매일매일 끼니만 여러분이 다 같이 대주겠다고 약속한다면, 여러분과 화해하고 이제부터 다시는 아무런 해도 끼치지 않겠다고 나에게 약속하며 보증해 주었습니다. 나로서도 그가 여러분과의 이 약속을 어김없이 지키리라는 것을 확신하는 바입니다."

그러자 모든 사람이 일제히 큰 소리로 그 늑대 형제에게 먹을 것을 주겠노라고 약속하고 다짐하였다. 그리고 성 프란치스코는 늑대에게 돌아서서 말했다.

"그러면 너 늑대 형제야, 어떤 동물이나 사람도 해치지 않겠다는 약속을 지키겠느냐?"

그러자 늑대는 꿇어앉아서 머리를 숙이고 얌전히 몸을 가누며 꼬리와 귀를 흔들어 그 약속을 모두 지키겠다는 표시를 했다. 그러나 성 프란치스코는 사람들을 안심시키려고 이렇게 말했다.

"늑대 형제야, 성문 밖에서 내게 보증한 것과 같이 이번에는 여기 있는 모든 선한 사람 앞에서 다시 한번 그것을 보증한다는 표시를 보여주어야겠다"라고 말했다.

그리고 늑대 형제는 다시 한번 발을 들어 성 프란치스코의 손에 올려놓았다. 그러자 모든 사람은 그들과 늑대 사이에 평화를 만들고, 마을의 기쁨과 평온을 회복하기 위해 성 프란치스코를 그들에게 보내신 하느님께 기뻐하며 감사를 드렸다.

그래서 그날 이후로 늑대와 굽비오 시민들은 서로에 대한 약속을 지켰다. 그 늑대는 배가 고프면 집집을 다니며 2년을 더 살았다. 그리고 늑대 형제에게 개 한 마리도 짖지 않았다고 한다. 그러다가 마침내 그들의 늑대가 죽었을 때, 사람들은 애석해하고 슬퍼했다. 왜냐하면 그들은 평화로운 친절과 인내심을

여섯 번째 가르침 157

지닌 늑대 형제를 사랑하게 되었고, 그 늑대가 사람들로 하여금 하느님께 중재하여 자신의 마을에서 그토록 큰 기적을 일으킨 성 프란치스코의 거룩함과 덕행을 생각나게 했기 때문이다.

우리의 주님이시며 구세주이신 예수 그리스도님, 찬미 받으소서. 아멘.

몇 년 전 이 이야기를 처음 읽었을 때, 나는 이 이야기가 기적적인 이야기이자 우화적인 이야기라는 것을 느꼈다. 나는 스스로 물었다. "늑대는 우리가 관심을 두고 화해해야 하는 우리 내면의 어떤 것을 상징할 수 있을까?" 그리고 그 답은 나의 첫 번째 책인 『성 프란치스코의 여행과 꿈』의 이 단락을 쓰면서 나왔다.

굽비오의 늑대 이야기를 듣고 프란치스코가 제일 먼저 느낀 것은 늑대에 대한 동정심이었다. 그 늑대가 드러낸 심한 기갈이나 안정되지 못한 가운데 뭔가를 찾아 헤매는 마음, 사납게 이빨을 세우고 달려들려는 충동 등은 자연계의 모든 것에서 흔히 볼 수 있다. 그리고 그것은 우리 모두의 마음속에 있는 야생의 광포성을 나타내는 것이기도 하다. 그러나 프란치스코가 늑대에게서 본 것은 먹이를 쫓는 맹수의 모습이라기보다는 사냥당하는 불쌍한 모습이었다. 모든 사람이 늑대를 싫어하고 무서워하고 있다. 모든 사람이 싫어하고 무서워하는 그 늑대의 눈 속에는 구석으로 몰리는 자의 공포가 서려 있다. 또한 자신에게 상처를 주고 소외시키는 모든 것에 보복하기 위해서 손에 닿는 대로 무엇이든지 먹어 치우려는 분노와 적의가 가득 차 있다. 늑대도 인간도 마찬가지다. 상대방을 무서워하고 배척하면 그 상대방은 정말 무섭게 되고 마는 것이다.[23]

거의 50년을 돌이켜보면, 그 구절은 오늘날 세계에서 일어나고 있는 일을 예언하는 것처럼 보인다. 내가 보기에는 우리 내면의 늑대를 돌볼 여지가 많은 것 같다.

성 프란치스코의 지혜

프란치스코는 사물들을 향해 주님에 관하여 이야기하고 주님을 찬미하라고 권고하면서 모든 사물을 황홀한 열정으로 껴안았다 (「2첼라노」 165).

....

그는 다른 사람들뿐 아니라 동물들에게도 남다르게 온유했습니다. 그는 모든 동물을 '형제'나 '자매'라고 불렀고 우리는 그의 인생 이야기에서 야생동물조차 어떻게 친구이자 동료로 그에게 달려왔는지 읽어낼 수 있습니다 (「성 보나벤투라의 강론에서」, 1255년 10월 4일).

....

어느 날, 그가 하느님의 말씀을 설교하려고 알비아노라고 불리는 고을에 당도하여, 모든 사람이 바라볼 수 있게 높은 자리에 올라가 조용히 할 것을 청하고 이야기를 시작하였다. 이리하며 모든 사람이 침묵하며 경건하게 서 있을 때, 한 떼의 제비들이 시끄럽게 재잘거리며 그곳에다 둥지를 틀었다. 제비들이 재잘대는 바람에 복되신 프란치스코가 하는 말이 사람들에게 들리지 않자 그가 새들에게 말하였다.

"나의 제비 자매들이여! 자매들은 이미 충분히 말을 하였으니, 이제는 내가 할 시간입니다. 주님의 말씀을 들으시오. 주님의 설교가 끝날 때까지 침묵 가운데 조용히 하시오."

그러자 새들은 서 있던 모든 사람이 놀라서 의아스러워할 만큼 즉시 침묵에 들어갔고, 설교가 끝날 때까지 자기 자리에서 움직이지 않았다(「1첼라노」 59).

························

한번은 리에티 호수의 나루터 가까이에서 그가 배에 타고 있었는데, 어부 한 사람이 흔히 팅카라고 불리는 큰 물고기 한 마리를 잡아서 정성스럽게 그에게 바쳤다. 그는 기쁘고 즐거운 마음으로 그것을 받고 나서 그 물고기를 형제라 부르기 시작하였다. 이어서 그는 물고기를 호수에 놓아주며 신심 깊게 주님의 이름을 찬미하기 시작하였다. 잠시 그가 기도를 계속하는 동안에 물고기는 배 근처에서 노닐며, 놓아준 곳에서 멀리 가지 않았다. 기도가 끝나고 하느님의 거룩한 사람이 물고기에게 떠나도 좋다는 허락을 주자 그제야 사라졌다.

이리하여 영화로우신 사부 프란치스코는 순종의 길을 거닐면서 신성한 순종의 멍에를 철저히 지게 되었고, 그로 인해 그는 피조물들이 그에게 복종하는 큰 위엄을 주님 앞에서 얻었다 (「1첼라노」 61).

....

전능하시고 지극히 거룩하시며 지극히 높으시고 지존하신 하느님, 거룩하시고 의로우신 아버지, 하늘과 땅의 임금이신 주님, 당신의 거룩한 뜻에 따라 그리고 당신의 외아드님을 통하여 성령과 함께 모든 영신적인 것과 육신적인 것을 창조하셨으며, 당신의 모습대로 그리고 비슷하게 만드신 저희를 낙원에 두셨으니, 바로 당신 자신 때문에 당신께 감사드리나이다 (「비인준 규칙」 23,1).

....

아침이 되어 태양이 솟아오르면 모든 사람은 우리의 유익을 위해 그를 창조하신 하느님을 찬미해야 합니다. 낮 동안 태양이 우리 눈을 밝혀주기 때문입니다. 그리고 해 질 녘이 되면 모든 사람은 어둠 속에서 우리 눈을 밝혀주는 불 형제를 통해 하느님을 찬미해야 합니다. 사실 우리는 모두 눈먼 사람과 같습니다. 주님께서는 이 두 형제를 통해서 우리 눈에 빛을 주시는 분입니다. 그러므로 날마다 우리에게 도움을 주는 이 두 피조물과 다른 피조물들을 통해 우리는 특별히 우리를 창조하신 주님을 찬미해야 합니다(「완덕의 거울」 119).

일곱 번째 가르침

PRaisE & JOy

겸손한 찬미와
하느님 섬김의 기쁨

인간은 우리가 '우주'라고 부르는 전체의 일부분으로 시간과 공간에 제한을 받습니다. 인간은 우리 자신, 우리의 생각과 감정을 다른 것과 분리된 것으로 경험합니다. 인간 의식은 일종의 최적화된 망상인 셈이지요. 이러한 망상에서 벗어나려는 노력은 참된 종교에서 생각하는 문제 중 하나입니다. 이 망상(전체와 분리된 '나'라는 의식)에 먹이를 주는 대신, 그것을 극복하려고 노력하는 것이 마음의 평화를 얻는 방법입니다(알베르트 아인슈타인 Albert Einstein이 로버트 에스 마커스Robert S Marcus 박사에게 보낸 편지, 1950년 2월 12일).

프란치스코가 죽기 2년 전 그는 자기 세계, 자신과 형제들의 세계, 삶의 길에서 만난 사람들, 자신의 작은 세계의 관심사에 대한 단편적인 그림 대신에 전체 그림을 보는 은총을 받았다. 물리학은 먼저 일종의 형이상학이 되어야 한다. 20세기 물리학자인 데이비드 봄David Bohm이 말한 것처럼, "우리는 물리학을 뒤집어야 한다. 곧 부분에서 시작하여 그 부분들이 어떻게 관련되는지를 보여주는 대신, 전체에서 시작해야 한다." 그것이 하느님께서 인생의 마지막을 향해 가는 성 프란치스코에게 주신 전망이고, 또한 우리가 그것을 아는 방법이다.

그가 죽기 2년 전인 1224년에 거룩한 오상을 받은 후, 프란치스코는 아씨시로 돌아왔다. 하지만 그는 사랑하는 포르치운쿨라, 천사들의 성모 마리아가 아니라 클라라와 그녀의 자매들이 사는 성 다미아노로 갔다. 그곳에서 그는 "프란치스코야, 너도 내 집이 허물어져 가는 것을 보고 있지 않으냐? 그러니 가서, 내 집을 수리해다오"라고 말씀하시는 십자가의 그리스도 음성을 들었었다. 그리스도의 이 말씀을 실행하려 한 그의 지상에서의 삶은 이제 끝나가고 있다.

그는 제5차 십자군 원정이 한창일 때 이집트 다미에타에서 머물던 중 앓았던 트라코마로 인해 사실상 거의 눈이 멀었다. 또한 그리스도의 오상으로 인해 피를 흘리기도 했다. 그는 너무 쇠약하여 성 다미아노 수녀원 옆에 있는 작은 움막에서 50일 넘게 고통 속에 누워 있었고, 그의 수척해진 몸 위로 들쥐들마저 뛰어다녔다. 자신의 몸속에 갇혀 있으니, 페루자에서 갇혔던 기억처럼 얼마나 끔찍했을까! 그는 몇몇 형제들이 나아가는 방향에 대해 몹시 우울해했는데, 그가 보기에 형제들은 가난 부인을 버린 것처럼 보였기 때문이다. 그러다가 절망에 가까운 바닥에 이르렀을 때 그 음성과 환시가 다시 한번 그의 시들어가는 삶을 빛나게 했다.

어둠이 다시 찾아왔다. 고통스럽다. 이번에는 눈이다. 눈병이 그를 너무 고통스럽게 해서 그는 쉴 수도, 잠을 잘 수도, 기도할 수도 없다. 그는 다시 감옥에 갇혔고, 클라라와 가난한 자매들이 그를 위해 준비한 이 작은 움막에서도 두려워하고 있다.

그는 너무 피곤하다. 라 베르나에서부터 길고 고통스러운 여행을 마치고 움브리아 계곡으로 돌아온 지 이제 겨우 한 달 남짓밖에 되지 않았다. 그는 더는 걸을 수 없다. 그의 발에 박혀 있는 그리스도 수난 자국의 고통 때문에 라 베르나에서 당나귀를 타야 했다. 그의 손과 발에도 못 자국이 나 있고, 옆구리에도 상처가 있다. 모든 것은 그가 사랑하는 분, 바로 그의 주님이시며 하느님이신 예수께서 주신 사랑의 선물이었다.

이러한 부담에 더해, 그가 우울한 이유는 고통 때문도 아니고, 낮에는 태양 빛을 견디지 못하고 밤에는 촛불조차도 출혈 없이 견딜 수 없는 그의 눈이 멀었기 때문이 아니다. 그런 것들은 견딜 수 있는 고통이다. 그를 우울하게 하는 더 큰 고통은 형제들이 지금 형제회에 대하여 취하는 방향에서 비롯된다. 형제들은 수도규칙과는 어긋나게 집을 짓고 있고, 마치 구원이 책이나 책이 주는 지식에서 오는 것처럼 끊임없이 더 많은 책을 소유하는 것으로 보였다. 그들은 가난 부인뿐만 아니라 가장 중요한 한 가지 지식인, 예수 그리스도에 대한 지식마저 버리고 있다.

그리고 지금, 그 끔찍한 페루자의 감옥에서와 마찬가지로 들쥐가 그의 몸을 기어다니고 있어서 쉬지 못한 데다 어둠 속에서 그의 기억은 그가 볼 수 없는 것을 과장하여 확대하고 있다.

그는 영혼과 몸에서 피를 흘린다. 그리고 이 밤은 견디기가 너무나 힘들다. 그는 주님께 부르짖는다. "주님, 이 괴로움과 고통 속에서 저를 도와주소서. 제가 인내심을 갖고 견딜 수 있도록 도와주소서!"

주님께서는 그의 부르짖음을 들으셨다. 프란치스코는 영혼 깊은 곳에서 다시 그 음성을 듣는다.

"프란치스코, 내 형제여, 내 말을 들어보아라. 거대한 땅덩어리가 순금으로 변하고, 돌덩이와 자갈이 보석으로 변하며, 너의 고통이 사라지고 이에 더하여 너의 괴로움과 시련에 대한 보상으로 금이나 귀한 보석과도 비교할 수 없을 만큼 엄청난 보화를 얻게 된다면, 네가 지금 참아 견디는 것을 기뻐하고, 기쁘게 견디지 않겠느냐?"

"네, 주님. 저는 행복하고 기쁨으로 가득 차 제 영혼을 다해 기뻐할 것입니다."

"그러면 프란치스코야, 기뻐하고 행복해하여라. 너의 병과 고통은 내 왕국의 약속에 대한 보증이다. 네 인내와 오랜 고통의 공로로 너는 내 왕국에 있음을 굳게 확신할 수 있느니라."

이 이야기는 프란치스코가 일곱 번째 가르침을 담고 있는 "피조물의 찬가"를 부르려고 결심한 이유이다. 다음 날 아침, 그 음성은 이제 고요한데 프란치스코는 형제들에게 무슨 일이 일어났는지 말하고 나서 말했다. "그러므로 하느님께는 영광이 되고 내게는 위로가 되며 다른 사람들에게는 감화가 되도록 하느님의 모든 피조물을 위한 새로운 '주님 찬미가'를 작곡하고 싶습니다. 날마다 우리는 이 모든 선물의 창조주이자 분배자께 마땅히 드려야 할 찬미를 드리지 않음으로써 그토록 큰 축복을 감사히 여기지 못합니다." 그는 앉아서 집중한 다음 노래를 부르기 시작했다.

> 지극히 높으시고 전능하시고 좋으신 주님,
> 찬미와 영광과 영예와 모든 찬양이 당신의 것이옵고,
> 홀로 지극히 높으신 당신께만 이것들이 속함이 마땅하오니,
> 사람은 누구도 당신 이름을 부르기조차 부당하나이다.
>
> 내 주님, 당신의 모든 피조물과 더불어 찬미받으시옵고,
> 그 가운데 각별히 주인이신 해님 형제와 더불어 찬미받으소서.
> 해님은 낮이옵고, 그로써 당신께서 저희를 비추시나이다.
> 아름답고 장엄한 광채로 빛나는 해님은,
> 지극히 높으신 당신의 모습을 지니나이다.

내 주님, 달 자매와 별들을 통하여 찬미받으시옵소서.
당신께서는 빛 맑고 귀하여 어여쁜 저들을 하늘에 마련하셨나이다.

내 주님, 바람 형제를 통하여 그리고 공기와 흐린 날씨와 갠 날씨와 모든 날씨를 통하여 찬미받으시옵소서.
저들로써 당신 피조물을 기르시나이다.

내 주님, 쓰임새 많고 겸손하고 귀하고 순결한
물 자매를 통하여 찬미받으시옵소서.

내 주님, 불 형제를 통하여 찬미받으시옵소서.
그로써 당신은 밤을 밝혀주시나이다.
그는 아름답고 쾌활하고 씩씩하고 힘차나이다.

내 주님, 우리 어머니인 땅 자매를 통하여 찬미받으시옵소서.
그는 우리를 기르고 보살피며
울긋불긋 꽃들과 풀들과 온갖 열매를 낳아 주나이다.

내 주님, 당신 사랑 까닭에 용서하며
병약함과 시련을 견디어 내는 이들을 통하여 찬미받으시옵소서.

평화 안에서 이를 견디는 이들은 복되오니
지극히 높으신 이여, 당신께 왕관을 받으리로소이다.

내 주님, 우리 육신의 죽음 자매를 통하여 찬미받으시옵소서.
살아 있는 어느 사람도 이를 벗어날 수 없나이다.
불행하옵니다, 죽을 죄를 짓고 죽는 이들이여!
복되옵니다, 당신의 지극히 거룩한 뜻을 실천하며 죽음을 맞이할 이들이여,
두 번째 죽음이 저들을 해치지 못하리이다.

내 주님을 찬미하고 찬양들 하여라.
감사를 드리고, 한껏 겸손을 다하여 주님을 섬겨라.

어떤 의미에서 볼 때 그 음성이 프란치스코에게 말한 것은 프란치스코가 이미 알고 있던 것이다. 겉으로 드러난 것 이면에는 참으로 존재하는 모든 것, 곧 값을 매길 수 없는 귀한 하느님의 창조물이 있다는 것이다. 그리고 창조된 것보다 훨씬 더 위대한 것은 그것이 영원히 재창조된다는 점이다. 모든 것이 새 하늘과 새 땅이 될 것이고, 지금도 그렇게 되기 위해 애쓰고 있

다. 모든 피조물의 고통과 산고에 동참하는 인간은 오랜 시련과 인내를 통해 변모되어 미래의 하느님 나라가 이미 그들 안에서 실현되고 있음을 단번에 알게 된다. 모든 것이 변화를 겪기 때문에, 어둠과 고통이 수반될지라도 보고 이해할 수 있는 인간만이 그 변화를 기꺼이 받아들일 수 있다.

프란치스코가 이 모든 것, 특히 온 우주의 상호 연결성을 확신하게 된 까닭은 성 다미아노의 어두운 고통의 감옥에서 그에게 주어진 환시 때문이었다. 그리고 이 계시, 이 음성은 그에게 이를 표현할 방법을 주었다. 찬가를 통해 곧 생물이든 무생물이든 프란치스코의 형제자매가 된 하느님의 모든 피조물을 통해, 피조물과 함께, 피조물 안에서, 피조물을 위하여 그리고 피조물로 말미암아 하느님을 찬미하는 시를 노래하게 된다.

그는 형제들에게 우리가 이미 살고 있는 그분의 나라에서 하느님을 찬미하는 〈새로운〉 노래를 부를 것이고, 우리가 육신의 죽음 자매를 받아들일 때 그분의 완전성이 드러날 것이며, 죽음 자매는 하느님의 가장 거룩한 뜻 안에서 살고 있는 우리를 발견할 것이라고 말한다.

프란치스코는 하느님의 계시적인 음성에 자신의 고통과 괴로움을 행복하게 받아들이겠다고 말하면서, 이제 자신의 고통과 괴로움이 모든 피조물 사이에 그리고 모든 피조물 가운데 서로 연결된 고통 없는 하느님 나라에 들어가는 보증이 되리라는 것을 분명히 알게 되었다.

프란치스코는 모든 피조물과 함께 살아가는 법을 배우고, 그들을 사랑하고 보살피며, 그들에 대해 하느님께 감사하는 일생을 통해 이것이 참됨을 알았다. 그리고 이제 그가 죽음 자매를 끌어안기 2년 전에 하느님께서는 모든 것이 다른 모든 것에 속하고, 모든 것은 하느님의 것임을 프란치스코와 우리에게 확신시켜주셨다. 그러므로 모든 것은 거룩하고, 보살핌과 경외와 하느님 찬미의 노래를 받기에 합당하다.

프란치스코는 자신이 수년 동안 알고 있었지만, 하느님의 음성을 듣고 한 마디 한 마디를 노래하기 전까지는 자신이 알고 있다는 사실을 몰랐다. 그는 이제 그가 알고 있는 바를 표현하는 방법을 알게 되었다. 그 노래는 그가 작곡하고 노래할 때 큰 기쁨을 주었다. 왜냐하면 하느님이 계시기 때문이다. 그래서 하느님을 섬기고 노래하는 것은 영원히 사는 것이다.

그러나 우리가 노래하고 섬기는 피조물만이 기쁨을 가져

다준다고 생각하면 안 된다. 프란치스코는 "노래하는 기쁨"은 그가 "완전한 기쁨"이라고 부르는 또 다른 기쁨인 다른 모든 사랑을 가능하게 하는 사랑의 이야기인, 십자가에 못 박히신 가난한 그리스도를 사랑하고 섬기는 데서 비롯된다는 것을 상기시킨다.

일종의 외상을 겪은 후 뿌연 안개 속에서 차츰 전쟁으로부터 회복하고 있던 젊은 프란치스코는 예수님과 그분 사랑의 복음과 사랑에 빠졌다. 그리고 자기 시대에 그리스도가 거부당하면서 다시 죽어가는 것을 보고 괴로워하며 평생을 그 사랑 안에 머물렀다. 심지어 자기 형제 중 일부는 그에게 마치 우리를 위한 순전한 사랑으로 당신의 창조물에 들어가신 하느님 사랑의 계시인 가난하신 그리스도를 배반한 유다처럼 보였다. 프란치스코는 그들에게 홀로 땅과 그 위에 사는 모든 생명을 새롭게 하는 방법을 보여주신 복음의 그리스도가 되살아나도록 도왔다.

예수께서는 프란치스코가 성 다미아노 십자가 앞에서 기도할 때 그에게 "가서, 내 집을 수리해다오"라고 말씀하셨다. 그는 성 다미아노의 작은 집을 수리했을 뿐만 아니라 하느님이 머무르시는 더 큰 집인 지구 자체를 수리했다. 먼저 성당을 시작으로 지구를 수리했는데, 그것은 프란치스코를 위한 새 계약궤, 곧 우리 가운데 머무르시는 하느님의 거처였다. 무너지는 성당도, 그 성당이 놓여 있는 땅도, 땅 위와 땅 안에 사는 모든 피조물과 예수께서 친히 잠잠하게 하신 물과 깊은 곳에 있는 온갖 종류의 물고기로 하느님의 백성과 다른 피조물을 먹이고 기르는 바다도 그러하다. 그 모든 것이 하느님에게서 그리고 하느님 안에서 축복받고 유지되었다. 그 모든 것이 바로 복음의 말씀을 듣고 주의를 기울임으로써 새롭게 하고 재건해야 했던 것이다. 복음은 삶을 위한 것이고, 반대로 복음을 왜곡하는 것은 사랑이신 예수 그리스도를 배반하는 것이었다. 예수 그리스도의 인격 안에서 우리 가운데 오신 하느님을 위하여 한 사람 한 사람을 사랑하는 법을 배우는 것이 하느님의 집을 수리하는 방법이다. 이러한 그리스도 사랑의 열매는 기쁨이다.

    이 놀라운 사랑은 프란치스코 영혼의 정배인 예수 그리스도 안에서 실현되며, 이 연인은 너무도 아름답고 선하기에 그는 그리스도로부터 자신을 떼어놓는 것을 상상조차 할 수 없었다. 그 무한한 사랑에 보답하지 않는 것이 바로 죄였다. 그래서 프란치스코는 아무것도 자기를 그리스도 예수로부터 떼어놓지 못하도록 하겠다고 결심했다. 또한 어떠한 것도 그를 그 사랑에서 떼어놓지 못할 것이다. 그는 다음과 같은 성 바오로의 말씀에서 큰 위로와 희망을 얻었음이 틀림없다.

> 무엇이 우리를 그리스도의 사랑에서 갈라놓을 수 있겠습니까? 환난입니까? 역경입니까? 박해입니까? 굶주림입니까? 헐벗음입니까? 위험입니까? 칼입니까?…… 그러나 우리는 우리를 사랑해 주신 분의 도움에 힘입어 이 모든 것을 이겨내고도 남습니다. 나는 확신합니다. 죽음도, 삶도, 천사도, 권세도, 현재의 것도, 미래의 것도, 권능도, 저 높은 곳도, 저 깊은 곳도, 그 밖의 어떠한 피조물도 우리 주 그리스도 예수님에게서 드러난 하느님의 사랑에서 우리를 떼어 놓을 수 없습니다(로마 8,35. 37-39).

성 프란치스코의 길은 모든 피조물로부터 자신을 분리하는 것이 아니라 그분 손수 지으신 피조물을 위한 그분의 사랑 안에서 그리스도와 동참하는 것이었다. 성 프란치스코의 인격 안에서 생겨난 혁명은 부활하시고 성령을 통하여 만물 안에 현존하시는 그리스도와의 친밀한 관계에 그 원천이 있다. 프란치스코는 그리스도 안에 살기에 그리스도 〈안에서〉 본다. 그리스도께서 그 안에 사시고 그리스도를 통하여 그리스도의 눈으로 보기에 모든 것은 그리스도 안에서 구원받고 거룩하게 된다. 그는 우리 주변의 세상, 우리가 걸어가는 세상에 무슨 일이 일어나고 있는지 알기 위해 과학적 사실이 필요하지 않다. 그는 상처 입은 지구, 상처받은 사람들, 부서진 사람 안에서 상처 입은 그리스도를 본다. 이러한 그리스도 중심성은 신비하면서 현실적이고, 역사적이면서 초월적일뿐더러 임박한 것이기도 하다. 그러면 또 다른 기쁨이 자유롭게 흘러나온다.

우리가 성 프란치스코를 생각할 때 보통 떠오르는 기쁨이 있는데, 그것은 놀이play인 기쁨이다. 이것은 윌리엄 블레이크Willia Blake의 전기 작가인 알렉산더 길크리스트Alexander Gilchrist의 인용문에 가장 잘 표현되어 있다. 그는 블레이크가 "해와 달과 별, 하늘과 땅을 가지고 노는 신성한 아이"였다고 말한다.[24]

알렉산더 길크리스토의 인용처럼 프란치스코도 그런 사람이었다. 그는 땅에서 막대기를 집어 들어 왼팔에 얹은 다음, 마치 비올을 연주하듯 오른팔로 막대기를 가로질러 활을 그으면서 프랑스어로 주님을 노래했다. 프란치스코는 교육받은 사람이나 교육받지 못한 사람 가리지 않고 누구나 쉽게 이해하고 외울 수 있도록 지방어로 찬미의 노래를 불렀다. 그리고 프란치스코는 라 베르나 산 근처의 토스카나에 가서 몬테펠트로 Montefeltro 성城에 이르렀을 때 기사들 사이에서 축하 행사가 벌어지고 있는 것을 단번에 알아보았다. 그는 성으로 올라가서 몬테펠트로 백작 가문의 한 사람이 최근에 기사 작위에 오른 것을 축하하는 연회임을 알았다. 그곳에 많은 귀족이 있는 것을 보고 프란치스코는 레오 형제에게 말했다. "축제에 갑시다. 하느님의 도우심으로 훌륭한 영적인 열매를 거둘 수 있을 것입니다."

그들은 귀족들이 모여 있는 마당으로 들어갔고, 프란치스코는 나지막한 담벼락 위로 올라가 이 말씀을 주제로 설교를 시작했다.

하느님께서 우리에게 주실 큰 상급을 생각하면,
현재의 온갖 고통도 내게는 즐거움이 된다.
Tanto è il bene chi'io aspetto
Ch'ogni pene m'è diletto[25]

이것은 일반적으로 성의 귀부인을 향해 부르는 음유시인의 사랑 노래였지만, 프란치스코는 하느님의 사랑과 인간의 사랑이 어떻게 같고, 그 사랑의 대상만이 어떻게 다른지를 영적으로 보여주고자 했다. 학자 로잘린드 브룩Rosalind Brooke은 프란치스코가 어렸을 때 즐겨 불렀던 연애와 궁중 사랑의 노래가 그에게는 하느님을 향한 노래와 이야기가 되었다고 기록했다. 이 경우처럼, 때때로 그는 하느님의 음유시인 역할을 맡기도 했다. 한번은 그가 유명한 음유시인이었던 한 형제에게 "파치피코Pacifico 형제여, 설교할 때 가서 백성들에게 '우리는 하느님의 음유시인입니다. 이 공연에 대한 사례로 우리는 당신들이 참된 회개의 삶을 살기를 바랍니다'라고 말하면서 '피조물의 노래'를 부르십시오"라고 말한 적이 있다.[26]

노래와 이야기 그리고 익살의 정신이 프란치스칸의 지혜와 가르침을 형성한다. 이야기의 메시지가 우울하거나 슬플 때조차도 이야기 자체는 일종의 익살이다.

이야기는 앎의 한 방법이다. 실제 사건을 기록하든 이야기로 만들어지든, 이야기는 독특하고 개별적인 경우로 단순성과 복잡성, 투쟁과 승리와 패배 그리고 슬픔과 기쁨 가운데 있는 인간의 상태를 알 수 있도록 도와준다. "만약"의 이야기가 이성과 경험에 충실하다면, 우리에게 누군가 또는 무언가에 관한 사실을 말이나 글로 알리는 것만큼 많은 것을 말해준다. 사실 실제로 일어난 일조차도 누군가가 우리에게 무슨 일이 일어났는지 말하기 시작하면 이미 이야기로 바뀌어 있다. 따라서 실제로 일어난 이야기이든 지어낸 이야기이든 본래의 이야기 그 자체는 진실이며, 이야기꾼이 가지고 있는 기술이나 통찰력 그리고 지식에 따라 효과가 있거나 그렇지 않거나 한다.

우리는 때로 이 이야기가 믿을 만한지 자문하기도 한다. 예를 들어 '완전한 기쁨'의 이야기에서 성 프란치스코는 정말로 레오와 이런 말을 주고받았을까? 그리고 성 프란치스코가 말하는 내용은 우리가 그의 저술에서, 또는 초기 형제들의 시대와 환경에 가까운 원천사료에서 얻은 역사적이고 문헌학적 지식에서 그에 대해 알고 있는 것과 일치하는가?

『성 프란치스코의 잔꽃송이』의 현대 번역본에 완전한 기쁨이라는 이 유명한 이야기를 되풀이하면서 나는 『성 프란치스코의 잔꽃송이』 안에 있는 이야기의 기본적인 진실에 충실해야 한다는 것을 깨달았다. 이 이야기는 오랜 시간의 시련을 견디어 왔으며, 동시대인의 귀에 맞춰 그저 조금 수정할 수 있을 뿐이다.

이것이 역사적 인물이 성장하고 부활하는 방식이고, 과거로부터 돌아오는 방식이며, 원래의 이야기에 충실한 이야기 방식이다. 성 프란치스코와 초기 형제들의 익살스러운 이야기나, 때로는 우리에게 미친 것처럼 보이는 "거룩한 바보들"의 우스꽝스러운 이야기도 마찬가지이다. 이는 어쩌면 우리가 너무 심각해져서 하느님의 방식으로 "바보"가 되는 것을 허용할 수 없기 때문일지도 모른다.

프란치스칸 이야기에서 유머와 어리석음, 장난기가 가능한 것은 프란치스코와 그의 초기 형제들이 회개하고 삶을 바꾸는 것이 볼 눈도, 들을 귀도 없는 사람들에게 얼마나 어리석은 일인지 이미 경험했기 때문이다. 그들은 그리스도의 발자취를 따르기 위해 모든 것을 포기했다. 그래서 다른 어떤 것도 그다지 중요하지 않았다. 특히 다른 사람들에게 깊은 인상을 주기 위해 거짓된 얼굴을 유지하는 위선이나 자신의 중요성을 부풀리는 데 필요한 힘은 더욱 그랬다. 이것이 참된 지혜인 어리석음이다. 성 바오로가 코린토 신자들에게 보낸 첫째 서간에서 매우 인상적으로 말하고 있듯이 말이다.

> 멸망할 자들에게는 십자가에 관한 말씀이 어리석은 것이지만, 구원을 받을 우리에게는 하느님의 힘입니다.……하느님의 어리석음이 사람보다 더 지혜롭고 하느님의 약함이 사람보다 더 강하기 때문입니다 (1코린 1,18-25).

그런 다음 성 바오로는 초기 프란치스칸과 거의 흡사한 점을 계속해서 말한다.

> 형제 여러분, 여러분이 부르심을 받았을 때를 생각해 보십시오. 속된 기준으로 보아 지혜로운 이가 많지 않았고 유력한 이도 많지 않았으며 가문이 좋은 사람도 많지 않았습니다. 그런데 하느님께서는 지혜로운 자들을 부끄럽게 하시려고 이 세상의 어리석은 것을 선택하셨습니다. 그리고 하느님께서는 강한 것을 부끄럽게 하시려고 이 세상의 약한 것을 선택하셨습니다. 하느님께서는 있는 것을 무력하게 만드시려고, 이 세상의 비천한 것과 천대받는 것 곧 없는 것을 선택하셨습니다. 그리하여

어떠한 인간도 하느님 앞에서 자랑하지 못하게 하셨습니다 (1 코린 1,26-29).

성 프란치스코가 왜 놀이를 하고, 장난스럽고 어리석은 짓을 했는가는 바로 이러한 정신에서였다. 그의 전망은 다르다. 그의 전망은 주님의 들판에서 노니는 거룩한 지혜Hagia Sophia의 전망이다. 프란치스코가 "베들레헴의 작은 아기"라고 말했을 때, 마치 그 말을 음미하듯 그의 입술을 핥을 만큼 감동하게 한 것은 바로 거룩한 지혜이다. 그는 또한 "베들레헴"(이탈리아어로 베들레메Bettleme)이라는 단어를 말하곤 했는데, 마치 어린양의 울음소리처럼 들렸다. 그가 새들에게 설교하는데, 새들이 날아가지 않고 그의 말을 들으면서 목을 길게 빼고 날개를 퍼덕이며 입을 벌린 채 그를 응시했고, 그가 십자 표시를 하여 그들을 해산시킬 때까지 날아가지 않은 이유가 바로 지혜이다. 병아리가 너무 많아 그 날개 밑에 모두 다 모아들일 수 없는 작고 검은 암탉에 대한 꿈을 꾸었을 때, 형제들에게 "그 암탉은 바로 나다. 나도 몸집이 작을 뿐 아니라 천성적으로 피부색이 검은 자者이지만, 비둘기가 하늘을 쉽게 나는 것처럼 나도 깨끗한 생활을 통해서 단순함을 지닌 사람이 되어야 한다"(2첼라노 24)고 말한 이유가 바로 지혜이다.

그가 형제들을 종달새 자매에 비유하면서 그녀는 형제들처럼 모자를 쓰고, 오물 속에서 모이를 발견해도 쪼아서 먹는 겸손한 새라고 했고, 그녀의 깃털이 비록 땅의 색깔과 비슷할지라도 하느님을 달콤하게 찬미하며 하늘로 날아 올라간다고 말한 이유가 바로 지혜이다. 매미가 그의 손가락 위로 날아와 앉자, 그가 "나의 매미 자매여, 노래하시오"라고 말하면서 다른 손으로 쓰다듬어 주었고, 프란치스코가 화음에 맞춰 하느님을 찬미하자 매미가 한 시간 동안 노래를 불렀던 것도 이 지혜이다. 그가 아몬드 나무에 다가가 "아몬드 형제여, 나에게 하느님에 대하여 말해다오"라고 말했을 때 아몬드 나무가 꽃을 피운 이유가 바로 그분의 지혜이다.

너무 감성적인 이야기인가? 아니면 소위 "지혜로운" 사람들의 일반적인 기대를 근본적으로 뒤집은 데서 흘러나온 이야기일까? 이러한 이야기와 더 많은 이야기는 정말로 아씨시의 난봉꾼들 사이에서 지도자로 만들어진 회개의 결과가 아니다. 그가 그렇게 할 만큼 현명하다면, 지도자의 자만심을 조롱하고 자신을 비웃게 만드는 바보다. 이 이야기들은 동물들과 물고기와 식물과도 노닐 수 있는 전혀 부담스럽지 않고 자유로운 영혼의 이야기, 루미Rumi 번역가 콜먼 바크스Coleman Barks가 말했듯이 너무 가벼워져서 새들이 와서 그의 어깨에서 쉬었던 한 남자의 이야기이다.

노래하십시오, 프란치스코. 노래하십시오! 주님의 들판에서 노니십시오!

성 프란치스코의 지혜

성 프란치스코는 원수의 수많은 올가미와 간계에 대항하는 가장 안전한 대처는 마음의 기쁨을 누리는 것이라고 하였다. 그가 말하곤 했다. "악마는 하느님의 종에게서 마음의 기쁨을 채 갈 수 있을 때 통쾌해합니다. 악마는 먼지를 뿌려서 양심의 미세한 틈새까지 파고들려 합니다. 그렇게 해서 곧은 마음과 깨끗한 생활을 얼룩지게 합니다. 그렇지만 마음에 기쁨이 충만하면 뱀이 맹독을 뿜어도 허사입니다."(「2첼라노」 125)

....

내가 유혹을 받거나 의기소침해졌을 때 동료의 기쁜 모습을 보면 나는 즉시 유혹과 우울에서 벗어나 내적, 외적인 기쁨을 되찾게 됩니다(「완덕의 거울」 96).

영적 기쁨은 깨끗한 마음과 끊임없는 순수한 기도에서 나오는 것이기 때문에 이러한 두 가지 덕을 무엇보다도 먼저 얻고 간직할 필요가 있습니다. 이는 내가 바라고 사랑하는 기쁨을 내 안에서 보고 느끼고자 그리고 그 기쁨을 여러분 안에 내적, 외적으로 간직할 수 있도록 또 이웃들을 교화하고 적에게 부끄러움을 알게 해주려는 것입니다. 사실 마귀와 그 추종자들에게 어울리는 것은 슬픔입니다. 반면에 우리에게는 언제나 주님 안에서 만족하고 기뻐하는 것이 어울립니다 (「완덕의 거울」 95).

가르침 중의 가르침

LOve

사랑

오, 흡족도 한 성총이로다. 이로써 나는
영원한 빛에로 눈을 감히 박았었고
거기 내 보는 것이 다하여졌도다.

그 깊이 속에서 나는 보았노라,
조각조각 우주에 흩어져 있는 것들이
사랑으로 한 권의 책 속에 엮여 있는 것을,
……
이 빛 앞에서는 사람이 다른 것을
보려고 이것에서 등을 돌리려는 마음조차
절대로 있을 수 없게 마련이니

의지의 대상인 선善이 온통 그 안에
한데 모여 있어 거기 완전한 것이
그의 밖에선 결함투성이가 되느니라.[27]

— 단테 —

사랑은 성 프란치스코 가르침의 이면에 있는 가르침이다. 성 아우구스티누스는 베르나르도네의 아들 프란치스코가 "왜" 그리고 "어떻게" 하느님의 아들 성인 프란치스코가 되었는지를 가장 잘 요약한다. 성 아우구스티누스는 『고백록』에서 다음과 같이 말한다.

> 늦게야 임을 사랑했습니다. 이렇듯 오랜, 이렇듯 새로운 아름다움이시여, 늦게야 당신을 사랑했습니다. 내 안에 임이 계시거늘 나는 밖에서, 나 밖에서 임을 찾아 당신의 아리따운 피조물 속으로 더러운 몸을 쑤셔 넣었사오니! 임은 나와 같이 계시건만 나는 임과 같이 아니 있었나이다. 당신 안에 있지 않으면 존재조차 없을 것들이 이 몸을 붙들고 임한테서 멀리했나이다.[28]

프란치스코가 자신이 사랑하려는 대상이 하느님이심을 깨닫게 된 결정적인 순간이 있었을까? 그리고 하느님께서 그를 사랑하시면서 줄곧 그곳에 계셨다는 것을 이제야 깨달았다고 고백하는 성 아우구스티누스와 같은 경험이었을까?

프란치스코가 교황의 군대에서 싸우기 위해 아풀리아로 가는 길에 스폴레토의 꿈에서 이렇게 말하는 주님의 음성을 들었던 때였을까?

"프란치스코야, 주인을 섬기는 것과 종을 섬기는 것 중에 무엇이 더 낫겠느냐?"

"네. 주인님, 물론 주인입니다."

"그러하다면 어찌하여 너는 종을 섬기느냐? 아씨시로 돌아가라. 네가 무엇을 할지를 알게 될 것이다." 그리하여 프란치스코는 전투에서 도망치는 겁쟁이처럼 아씨시의 집으로 돌아왔다.

아니면, 프란치스코가 나병 환자들 가운데 갔을 때, 곧 이전에 그를 불쾌하게 했던 사람들 가운데서, 그토록 예상치 못한 곳에서 하느님께서 그를 사랑하시는 것을 알게 된 때였을까?

아니면, 그가 어떻게 살아야 할지 몰라 교외를 헤매다가 버려진 성 다미아노 성당의 십자가에서 "프란치스코야, 너도 내 집이 허물어져 가는 것을 보고 있지 않으냐? 그러니 가서, 내 집을 수리해다오"라는 음성을 들었던 때였을까?

언제, 무슨 일이 있었건 프란치스코는 무한한 사랑이신 분과 사랑에 빠졌고, 그 사랑은 그를 이렇게 외치게 했다. "주여,

나를 사랑하시는 그 사랑 때문에 황송하옵게도 당신이 죽으셨으니, 당신을 사랑하는 그 사랑 때문에 나도 죽을 수 있도록, 당신 사랑의 불과도 같고 꿀과도 같은 힘으로 내 마음을 하늘 아래 있는 모든 것에서 빼내어 차지하소서."[29]

자기도취의 삶에서 타인을 위한 삶으로의 급진적인 전환은 프란치스코가 아씨시의 주교와 모여든 시민들 앞에서 그의 아버지 베르나르도네와의 불화를 해결하려고 아버지의 옷감과 말 한 필을 팔아 마련한 돈을 아버지에게 돌려주었을 때 공개적으로 드러났다. 당시 프란치스코는 이미 성당 수리를 위해 성 다미아노의 사제에게 그 돈을 주었으나 그 사제는 베르나르도네가 두려워 그 돈을 거절했다. 프란치스코 역시 그 돈을 자신의 것으로 받아들이기를 거부하여 성당의 창턱에 놓아두었다.

그렇다면 프란치스코가 자기가 가진 모든 것을 아버지의 발 앞에 놓고 나서 입고 있던 옷까지 모두 벗고 십자가에 달리신 그리스도를 따르기 위해 벌거벗은 채로 그곳에 서 있던 때였을까? 왜냐하면 그때 프란치스코는 둘러선 모든 이에게 "이제까지 나는 피에트로 베르나르도네를 나의 아버지라고 불렀지만, 이제부터 나는 하늘에 계신 우리 아버지를 아버지라고 말할 것입니다"라고 선포했기 때문이다. 이것이 프란치스코가 자신이 하느님께 속한다는 것을 깨달은 순간이었을까?

『신곡』의 "천국" 편에서 단테는 그리스도의 배우자였으며, 유일하게 예수님과 함께 십자가에 올랐던 가난 부인과 프란치스코가 결혼한 순간으로 이 사건을 재해석한다. 이 여인에 대해 단테는 다음과 같이 쓴다.

> 곧 젊디젊은 그는 마치 죽음에게나 같이
> 누구도 행복의 문을 열어주지 않는
> 그 아씨를 위하여 아버지와의 싸움에 달려들었으니,
> 그는 그의 영적 법정 앞에서 그리고
> 아버지 앞에서 아씨와 맺어진 다음
> 나날이 더욱 굳세게 저를 사랑하니라.[30]

그 의미는 아무도 가난 부인에게 매력을 느끼지 못했기 때문에 그리스도께서 십자가에서 그녀를 끌어안은 이래로 그리스도의 가난한 과부 신부인 그녀를 데려가 결혼할 합당한 기사,

곧 프란치스코가 나타나기 전까지 그녀는 그다지 매력적이지 않았다는 것이다. 단테는 중세 궁정 사랑의 전통으로 돌아가 그것을 영성화하고, 프란치스코는 그 과정에서 주님 원탁의 영적 기사가 된다.

아주 초기의 프란치스칸 문헌인 『가난 부인과 성 프란치스코와의 거룩한 교제』는 이 주제를 우화의 언어로 다루고 있다. 이 귀중한 글은 십자가의 성 요한과 성경의 〈아가〉를 연상시키는 말로 시작한다. "프란치스코는 자기 영혼이 갈구하는 바를 부지런히 찾아, 마치 집요한 개척자처럼 온 동네를 돌아다니기 시작하였다. 그는 광장에 서 있는 사람들에게도 물었고, 길에서 마주치는 사람들에게도 묻곤 하였다. '내가 사랑하는 이를 보셨나요?'"[31]

프란치스칸 가난에 대한 이러한 언어와 형상화는 가난과 회개를 기쁨에 찬 활동으로 만들고, 기쁨에 찬 기사인 프란치스코는 '주님의 새로운 원탁의 기사'의 덕목을 지닌 훌륭한 기사의 화신으로 교외를 돌아다닌다. 그렇다면 가난과 회개는 우울한 일이 아니라 성의 귀부인에게 감동을 주기 위해 수행하는 일종의 대담한 행동이며, 심지어 한겨울에도 그녀에게 충실함을 보여주기 위해 가시덤불을 구르기까지 한다. 이것은 초기 프란치스칸 수도회의 색조를 기사도와 탐구의 모험, 그리스도의 의복인 가난 부인 안에서 상징되는, 자기를 비우는 주님이신 그리스도에 대해 깊고 변함없는 사랑에 불타오른 영적 전투로 채색한다.

프란치스코는 이미 시인이자 가수이다. 예수님이 피조물에 대한 하느님의 무한한 사랑을 보여주기 위해 삼위일체로부터 파견되신 것처럼 그도 자신을 세상에 파견하신 하느님을 찬미하는 중세의 음유시인 기사가 되기도 한다. 음유시인 프란치스코를 볼 수 있는 한 예는, 그가 죽기 2년 전인 1224년에 그리스도의 거룩한 오상을 받은 곳인 라 베르나에 있을 때 불렀던 "지극히 높으신 하느님께 드리는 찬미"이다.

그리스도의 성흔을 받는 것은 훌륭한 기사의 신성한 기름 부음을 받는 것과 비슷한 경험이었다. 그가 늦게야 사랑한 주님은 이제 가난하고 십자가에 못 박히신 그리스도와 프란치스코를 동일시하는 상징인, 당신의 상처로 프란치스코를 봉인하셨다. 프란치스코가 연인의 노래, 사랑과 찬미의 호칭 기도와 같은 기도를 노래하도록 감동한 곳은 라 베르나 산이었다.

당신은 기적을 일으키시는

거룩하시고 유일하신 주 하느님이시나이다.

당신은 힘세시나이다.

당신은 위대하시나이다.

당신은 지극히 높으시나이다.

당신은 전능하시나이다.

당신은 거룩하신 아버지 하늘과 땅의 임금님이시나이다.

당신은 삼위이시고 한 분이시오며 신들의 주 하느님이시나이다.

당신은 선이시고 모든 선이시며 으뜸선이시고

살아 계시며 참되신 주 하느님이시나이다.

당신은 애정이시며 사랑이시나이다.

당신은 지혜이시나이다.

당신은 겸손이시나이다.

당신은 인내이시나이다.

당신은 아름다움이시나이다.

당신은 안전함이시나이다.

당신은 고요이시나이다.

당신은 즐거움이시며 기쁨이시나이다.

당신은 우리의 희망이시나이다.

당신은 정의이시오며 절제이시나이다.

당신은 우리의 흡족한 온갖 보화이시나이다.

당신은 아름다움이시나이다.

당신은 온화이시나이다.

당신은 보호자이시나이다.

당신은 수호자요 방어자이시나이다.

당신은 힘이시나이다.

당신은 피난처이시나이다.

당신은 우리의 희망이시나이다.

당신은 우리의 믿음이시나이다.

당신은 우리의 사랑이시나이다.

당신은 우리의 모든 감미로움이시나이다.

당신은 우리의 영원한 생명이시나이다.

위대하시고 감탄하올 주님,

전능하신 하느님, 자비로운 구원자시여!

"지극히 높으신 하느님께 드리는 찬미"에는 프란치스코의 하느님 체험이 담겨 있다. 그가 늦게야 그리고 오랫동안 사랑한 하느님은 이런 분이시고, 그에게 그런 분이 되셨다. 이 찬미는 "오 하느님, 이것이 당신의 노래이고, 당신은 그토록 오래되고 새로운 아름다움이십니다. 내가 당신을 늦게야 사랑했습니다"라고 말하고 있다. 그리고 그 모든 것을 통해 프란치스코는 겸손하지만 위대한 사랑의 프란치스코로 존재함으로써 그 놀라운 사랑에 보답하려고 노력했다. 그가 "피조물의 노래"의 마지막에서 노래했듯이, 우리는 허약하고 겁 많은 겸손이 아니라 역설적으로 거대하고 〈웅장한 겸손으로〉 하느님을 찬미한다. 그의 모든 작음과 겸손에도 불구하고, 프란치스코에게는 광대한 마음이, 형언하기 어려운 무언가가 있었다.

프란치스코는 하느님의 사랑을 알게 되자 성 아우구스티누스가 그토록 아름답게 표현한 것이 무엇인지도 알게 되었다. "내 안에 임이 계시거늘 나는 밖에서, 나 밖에서 임을 찾아 당신의 아리따운 피조물 속으로 더러운 몸을 쑤셔 넣었사오니!" 이것이 회개의 의미인데, 여러분은 곧 여러분의 모든 사랑과 욕망이 정말로 잘못된 사랑이라는 것을 깨닫게 된다. 여러분이 진정으로 원하는 것은 하느님이었고, 하느님은 항상 여러분과 함께 계셨으며, 여러분 안에 그리고 여러분이 하느님으로 착각한, 하느님이 창조하신 아리따운 피조물 안에 계셨다는 것이다. 여러분은 창조주의 모습대로 그들을 아름답게 만드신 피조물을 창조주로 착각했다.

그리하여 프란치스코는 길을 가는 걸음걸음마다 성 아우구스티누스가 『고백록』의 시작 부분에서 분명히 밝힌 진리를 꾸준히 배우면서 하느님을 향한 긴 여정을 시작했다. "임 위해 우리를 내시었기 임 안에 쉬기까지는 우리 마음이 찹찹하지 않삽나이다."[32]

그것은 피조물을 새롭게 사랑하는 법을 배우고, 그의 사랑은 무엇보다 중요한 하느님의 사랑으로 끊임없이 정화되는 것이 포함된 여정이었다. 그것은 마치 인간이 그토록 무참히 파괴한 낙원을 복원하기 위해 몇 번이고 반복해서 에덴동산으로 돌아가는 것과 같았다. 하느님께 나아가는 여정은 우리가 완전히 회복할 수는 없지만, 사랑이 자선으로 바뀔 때 일종의 반半낙원이 일어나는 원초적 순수함으로 되돌아가는 여정이다. 이것이 모든 사랑 중 최고의 사랑이고, 그리스도께서 정의하신 하느님 사랑과 이웃 사랑, 곧 참된 이웃 사랑으로 이어지는 하느님의 완전한 사랑과 하느님 사랑으로 이어지는 참된 이웃 사랑이다.

성 아우구스티누스가 '하느님을 사랑하고 네 뜻대로 하라'고 말한 것은, 사랑이 하느님의 계명이기 때문이다. 그것이 성 프란치스코가 계명을 받아들이고 살았던 방식이다. 그는 모든 인간이 그러하듯이 죄를 짓고, 회개한 후에는 언제나 자신이 언제 죄를 지었는지 알았다. 왜냐면 사랑의 계명이 다시금 그와 그의 모든 행위를 떠받치는 신성한 사랑으로 끌어당겼기 때문이다. 프란치스코에게 동기를 부여한 것은 형벌의 두려움이 아니라 차라리 그가 사랑한 예수 그리스도에 대한 헌신이었다. 그리스도로부터 자신을 떼어놓는 것은 프란치스코에게 죄였을 것이다. 그래서 만일 그에게 두려움이 있다면, 그의 삶의 사랑이신 그리스도를 배반하는 일이었을 것이다. 그리고 프란치스코는 그의 삶이 끝날 때까지 그리스도에 대한 헌신을 굳게 지켰다.

프란치스코는 자신이 죽어가는 것을 알았다. 아레초Arezzo 출신의 의사 친구가 그를 찾아와 하느님의 은총으로 모든 것이 잘될 것이라고 말했다. 하지만 프란치스코는 친구가 자신의 피로와 극심한 고통에 대해 기분 좋게 하려고 노력한다는 것을 알았다. 이에 프란치스코는 답례로 말했다.

"진심으로 말해주시오. 살든지 죽든지 내게는 아무런 차이가 없습니다. 나는 오직 하느님의 뜻을 따르고 싶습니다."

"그렇다면 친애하는 프란치스코 형제님, 의사로서 저는 당신의 병은 고칠 수 없다는 말씀을 드리고 싶군요. 그리고 당신의 친구로서 저는 당신이 9월 말이나 10월 초에 돌아가시게 될 것으로 생각합니다."

프란치스코는 황홀했다! 그는 하늘을 향해 팔을 들고 "죽음 자매여, 어서 오십시오"라고 말했다.

그리고 10월 초 마침내 그 순간이 왔을 때, 프란치스코는 자신이 누워있는 곳으로 안젤로 형제와 레오 형제를 불러 그를 위해 "피조물의 노래"를 불러달라고 부탁했다. 두 형제는 흐느껴 울면서 노래를 불렀다. 그들이 노래의 끝부분에 다다랐을 때, 프란치스코는 쇠잔한 가운데서도 자신이 즉흥적으로 작곡한 마지막 구절을 노래했다.

내 주님, 우리 육신의 죽음 자매를 통하여 찬미받으시옵소서.

살아 있는 어느 사람도 이를 벗어날 수 없나이다.

불행하옵니다, 죽을 죄를 짓고 죽는 이들이여!

복되옵니다. 당신의 지극히 거룩한 뜻을 실천하며 죽음을 맞이할 이들이여,

두 번째 죽음이 저들을 해치지 못하리이다.

내 주님을 찬미하고 찬양들 하여라.

감사를 드리고, 한껏 겸손을 다하여 주님을 섬겨라.

그의 노래는 그의 사랑을 정의했다. 그것은 하느님의 가장 거룩한 뜻 안에서 살고 존재하라는 것이었다. 프란치스코는 복음에 있는 그리스도의 말씀을 통해 그분을 사랑하는 사람들을 위한 하느님의 뜻이 무엇인지 배웠다. 곧 굶주린 사람에게 먹을 것을 주고, 목마른 사람에게 마실 것을 주며, 나그네를 따뜻이 맞아들이고 헐벗은 사람에게 입을 것을 주며, 병들었을 때 돌보아주고, 감옥에 있을 때 찾아주어야 한다. 그리고 그분이 우리 가운데 걸으실 때 우리를 똑같이 사랑하신 그분 사랑을 위해 이 모두를 해야 한다.

그는 자신이 언제 굶주리고 목말랐으며, 나그네 되고 헐벗었으며, 병들고 감옥에 있었는지 기억한다. 그리고 그곳에는 그에게 먹을 것과 마실 것을 주는 사람들이 있었고, 나그네 되었을 때 그와 형제들을 따뜻이 맞아들이는 사람들이 있었으며, 그가 병들었을 때 그를 찾아와주고, 감옥에 있을 때 그를 찾아와보고 싶어도 그럴 수 없는 사람들이 있었다.

사랑Love은 마음에 있는 것이지만, 사랑하는 것은Loving 예수 그리스도와 그분을 사랑하는 사람들에게서 드러나는 하느님의 뜻을 행동으로 실천하는 것이라고 프란치스코는 생각했다. 주님을 사랑한다면 이 모든 것이 얼마나 단순한 일이었겠는가. 그는 그 일이 좋았고, 이제 자신이 해야 할 일을 했으며, 형제들이 해야 할 일을 하기를 기도했다.

그렇게 프란치스코는 하느님께 돌아갔다. 1226년 10월 3일 저녁, 그가 회개한 지 20년이 되는 해였다. 형제들이 옷감 장수의 아들인 그들의 사부를 거칠고 닳아빠진 천을 바닥에 깔고 땅에 눕히자, 그는 형제들에게 먼지와 재를 뿌려달라고 부탁했다. 그러고는 마지막까지 하느님의 음유시인으로서 조용하지만 단호한 목소리로 시편 142편을 읊기 시작했고, 형제들도 그와 함께 기도했다. 어떤 구절은 실명으로 어두워진 그의 눈에 갑작스러운 빛과 기쁨을 가져다주었고, 그는 그 구절을 음미하며 마음에 더 오래 간직하였다.

큰 소리로 나 주님께 부르짖네.
큰 소리로 나 주님께 간청하네.
……
주님, 당신께 부르짖으며 말씀드립니다.
"주님은 저의 피신처, 산 이들의 땅에서 저의 몫이십니다."
제 울부짖음을 귀여겨들으소서.
저는 너무나 허약하게 되었습니다.
……
제가 당신 이름을 찬송하도록
감옥에서 저를 빼내 주소서.
당신께서 제게 선을 베푸실 때
의인들이 저를 둘러싸리이다.

예수님께서 그의 말을 들으시고, 그를 부르시며, 그의 마지막 감옥에서 그를 구해주셨고, 마침내 그는 마음에서 갈망하던 그분을 사랑하도록 자유로워졌다.

그의 영혼이 아름다운 비행을 시작했을 때 프란치스코의 몸이 더 이상 고통과 괴로움으로 일그러지지 않고, 마치 빛나는 사랑에 빠진 잘생긴 젊은이처럼 행복하게 잠들어 사랑하는 사람을 꿈꾸며 누워있는 움막에 한 무리의 종달새들이 내려앉았다. 그리고 종달새들은 노래하기 시작했다.

성 프란치스코의 영성은 영웅적인 행위에 관한 것이라기보다는 가장 작은 행위라도 실행하는 영웅적인 사랑에 관한 것이다. 그것은 완전한 기쁨의 전형적인 이야기에서 매우 분명하게 드러난다. 중요한 것은 학대하는 형제에게서 프란치스코와 레오가 견디는 것이 아니다. 프란치스코가 레오에게 '이것이 완전한 기쁨입니다'라고 기록하라고 했듯이, 우리가 그런 학대와 고통을 견뎌낼 때 "복되신 그리스도의 고통과 그분이 우리에게 그분에 대한 사랑 때문에 모든 것을 참아 견디라고 가르치신 것을 기억하는 것이다."

프란치스코는 그리스도를 사랑했고, 하느님이 우리를 얼마나 사랑하시는지를 현현하는 육화이신 그분의 사랑 안에서 죽기를 원했다. 그분은 하느님의 선하심과 사랑을 드러내기 위해 오셨지만, 사람들의 손에 거부당하고, 고통받고 부당한 죽임을 당하더라도 사랑하는 분과 하나 되길 원하셨다. 현대의 신비주의자 시몬 베유Simone Weil가 말하는 경이로운 차원은 십자가를 지나치게 강조하는 일종의 일그러진 피학증에서 벗어나는 사랑의 차원에서만 가능하다. 그녀는 다음과 같이 말한다.

> 불행은 하느님의 경이로운 기술이다. 차갑고 가차 없고 맹목적인 거대한 힘을 유한한 피조물의 영혼에 집어넣는 단순하고 절묘한 장치다. 하느님과 피조물 사이의 무한한 거리는 영혼의 중심을 꿰뚫는 한 점으로 집중된다. …… 이 경이로운 차원에 힘입어 영혼은 자신과 이어진 육체가 있는 장소와 순간을 떠나지 않고도 시공간 전체를 넘어서 바로 하느님의 현존 안으로 들어갈 수 있다.[33]

하느님을 알고자 하는 사랑과 열망이 없다면, 불행은 정반대의 일을 할 수 있고 영혼을 불행 자체로 몰아넣을 수도 있다.

그리스도 십자가의 신비는 그리스도께서 무엇을 견디셨는가가 아니라 〈왜〉 견뎌내셨는가 하는 것이다. 사랑이 그 이유였고, 그 사랑은 신성한 사랑이었기에 십자가에서 세 시간을 견뎌냈을 뿐만 아니라 사랑으로 인해 그렇게 했으며, 인간의 모든 고통을 포용하는 사랑이었다. 그리스도께서 아버지의 뜻에 복종하는 것은 아버지에 대한 그리스도 사랑의 깊이와 폭을 드러내는 것이다. 그리고 "아버지, 제 영혼을 아버지 손에 맡깁니다"라는 그리스도의 말씀을 우리가 말할 수 있을 때 불행은 우리를 하느님 앞에 이르게 하는 경이로운 차원이 된다. 사랑은 궁극적으로 의지에서 나오기 때문에 하느님의 뜻을 실행하려는 의지는 궁극적인 사랑의 행위가 된다.

신성한 것을 사랑하는 차원도 있다. 프란치스코는 하느님을 사랑했다. 그렇다면 그는 어떻게 가장 거룩한 분인 하느님께 다가가는가? 마음에 사랑이 있더라도 거룩한 남자와 여자가 들어가고자 하는 것은 여전히 하느님의 현존이다. 『The Blue Octavo Notebooks』에 실린 작품 중에서 프란츠 카프카 Franz Kafka는 다음과 같이 쓴다.

지성소에 발을 딛기 전에 신발을 벗어야 한다. 아니, 신발만이 아니라 모든 것을 벗어야 한다. 곧 여행 옷을 벗고 짐을 내려놓아야 한다. 그리고 속옷마저 벌거벗어야 하고 그 아래에 숨어있는 모든 것을 벗어야 한다. 그다음에는 핵심과 핵심의 핵심, 그다음에는 나머지와 잔여물, 그다음에는 꺼지지 않는 불의 희미한 빛까지도 벗어야 한다. 오직 불 자체만이 성소에 흡수되어 성소가 불 자체를 흡수하게 해야 한다. 어느 쪽도 다른 쪽에 저항할 수 없다.[34]

불은 사랑의 상징 중 하나이며, 마음은 사랑으로 불타오른다. 사랑, 사랑, 사랑. 이 사랑이 바로 성인들이 우리 눈에 이상하게 보이는 일을 하는 이유이다. 그래서 프란치스코는 때로 고행과 단식을 지나치게 하는 것처럼 보인다. 예를 들어 유혹을 물리치기 위해 눈밭이나 가시덤불 속을 구르거나, 40일 동안 단식하면서 반 덩어리의 빵과 최소한의 물만으로 트라시메노 Trasimeno 호수의 한 섬에서 사순절을 보냈던 것처럼 말이다.

또 한 번은 그가 작은 바구니를 만들었다. 그러다가 기도에 들어간 그가 하느님에 집중하지 못하고 바구니 생각이 자꾸

들자 나가서 바구니를 부숴버렸다. 그런 일은 너무 폭력적으로 보인다. 그는 "하늘나라는 폭행을 당하고 있다. 폭력을 쓰는 자들이 하늘나라를 빼앗으려고 한다"(마태 11,12)는 예수님의 말씀을 생각하고 있었을까? 그는 자신이 자아를 억누를 만큼 강하지 않다고 생각했을까? 아니면, 바구니로 정신이 흩어져서 하느님께 온전히 현존하지 못하여 기도의 주님께 불충한 것이 두려웠을까? 아니면, 단순히 프란치스코가 하느님께 현존하는 데 충실하기 위해서 단일한 마음이어야 했을까? 이유가 무엇이든, 우리는 성인들의 기이한 행동이나 때로는 과도한 행동을 흉내 내지 않는 것이 좋다. 특히 성인들이 선하고 하느님을 닮은 사람이 되는 데 대한 감수성과 방법이 우리와는 다른 시대와 장소의 사람들이라면 말이다. 우리는 성인들이 엄청난 사랑의 능력을 지닌 영적인 영웅임을 기억할 필요가 있다.

맹목적으로 모방하는 것은 거룩한 것이 아니다. 오히려 우리의 감수성과 우리의 온 마음과 정신과 영혼을 다해 예수님의 발자취를 따르는 방식으로 우리 시대와 장소에서 하느님을 사랑하는 법을 배우는 것이 거룩한 것이다. 그것은 우리 자신의 능력, 우리 자신의 강인함이나, 또는 마음과 몸의 약함에 상응

하는 행동을 하고 선택하는 것이다. 우리가 성인이 되기 위해 미치광이일 필요는 없지만, 하느님과 사랑에 빠지면 때로 다른 사람들이 미쳤다거나 정신 나갔다고 생각할 수 있는 일을 하게 될 것이다.

프란치스코의 생애에서 성 다미아노의 십자가에서 그에게 말씀하시고, 나병 환자 안에서 그가 본 것은 〈십자가에 못 박히신〉 구세주였다. 그가 처음으로 사랑에 빠진 것도 〈십자가에 못 박히신〉 구세주였다. 고난받는 예수님은 그가 눈물을 흘리면서 감동하게 했고, 그는 동정과 연민으로 예수님을 얼마나 사랑하는지 보여주기 위해서 예수님의 고통에 동참하고 싶었다. 그래서 때때로 그의 사랑을 보여주기 위해, 기사가 되기를 갈망한 상인의 아들에게 당신을 계시하신 그리스도께 계속 집중하고 충실하기 위해, 끝내는 사랑의 노래를 부르며 하느님 아드님의 말씀과 삶에서 그를 위해 현실이 된 하느님 사랑의 복음을 살고 전하는 행복한 거지가 되는 것을 선택하기 위해 "어리석은" 일을 했다.

인간의 조건이 어떠하든, 결국 사랑은 우리를 창조하고 구원한 사랑이신 분을 사랑하기로 선택하는 것을 포함한다. 심지어 불행과 버림받음, 죽음 앞에서도 말이다. "레오 형제, 그것이 완전한 기쁨이요, 하느님의 사랑으로 정화된 사랑입니다." 이것이 아씨시의 성 프란치스코의 비밀스럽고 완전한 가르침이다.

성 프란치스코의 지혜

나는 앓는 형제에게 부탁합니다. 모든 일에 대해서 창조주께 감사를 드리십시오. 건강하든 병약하든 건강에 있어서는 주님께서 원하시는 대로 되기를 바라십시오. 왜냐하면 "내가 사랑하는 사람들을 나는" 책망도 하고 "징계도 한다"(묵시 3,19)고 주님께서 말씀하시듯이 하느님께서는 "영원한 생명을 얻도록 정해진"(사도 13,48) 모든 사람을 채찍과 병고의 자극제와 통회의 정신으로 가르치시기 때문입니다 (「비인준 규칙」 10,3).

....

오, 높으시고 영광스러운 하느님,
제 마음의 어두움을 비추어 주소서.

주님, 당신의 거룩하고 참된 명을 실천할 수 있도록
올바른 믿음과 확실한 희망과 완전한 사랑을 주시며
감각과 깨달음을 주소서. 아멘 (「십자가 기도」).

아버지를 하늘에서 모시는 것이, 오, 얼마나 영광되고 거룩하고 위대한지! 정배를 모시는 것이, 오, 얼마나 거룩하고 위로가 되고 아름답고 감탄스러운지! 또한, 무엇보다도 먼저 열망해야 할 그러한 형제와 그러한 아들을 모시는 것이, 오, 얼마나 거룩하고 소중하고 흡족스럽고 겸손하고 평화롭고 감미롭고 사랑스러운지! 그분께서는 당신의 양들을 위해 목숨을 바치셨고 우리를 위해 아버지께 기도하셨습니다. "거룩하신 아버지, 아버지께서 저에게 주신 이들을 아버지의 이름으로 지켜 주십시오."(요한 17,11)(「2신자 편지」54-56)

....

실상 그대가 모든 지식을 가지고 있고 모든 언어를 해석할 수도 있고, 또 천상 일을 날카롭게 꿰뚫어 볼 정도로 예리하고 명석하다 할지라도, 그대는 이 모든 것을 자랑할 수 없습니다. …… 이와 마찬가지로 그대가 모든 사람보다 더 잘 생겼고 더 부유하고, 또한 기적들을 행하여 악령들이 달아난다 해도, 이 모든 것은 그대에게 해가 되고 그대의 것은 아무것도 없으며 이 모든 것 안에서 아무것도 그대는 자랑할 수 없습니다. 오히려 우리는 이 안에서 우리의 연약함과 우리 주 예수 그리스도의 거룩한 십자가를 매일 지는 일을 자랑할 수 있습니다 (「권고」5,5-8).

육체 형제가 '당신이 내가 필요로 하는 것을 채워 주지 않기 때문에 나는 똑바로 서 있을 수도 없고 기도를 계속할 수도 없으며, 시련들 속에서 기뻐할 수도 없고 다른 좋은 일을 할 수도 없습니다!'라고 불평하지 못하도록 먹고 마시고 자고 몸이 필요로 하는 다른 것들을 채워야 하므로 자기 몸에 음식을 분별 있게 공급해 주어야 합니다 (「완덕의 거울」 97).

....

나의 형제들, 모든 사람은 자신의 체질을 염두에 두어야만 합니다. 여러분 가운데 누군가가 적은 음식으로 자기 몸을 유지할 수 있다 하더라도, 더 많은 음식을 필요로 하는 사람이 그를 따라 하려 애쓰는 것을 나는 원치 않습니다. 형제들은 각자 자기 체질을 생각하고 자기 몸이 필요로 하는 만큼 먹어야 합니다. 그래야 정신을 돌볼 수 있습니다. 우리는 몸과 마음에 해가 되는 지나친 탐식을 피해야 하지만 지나친 단식도 피해야 합니다 (「완덕의 거울」 27).

....

주님께서 성당들에 대한 크나큰 믿음을 나에게 주셨기에, 다음과 같은 말로 단순하게 기도하곤 했습니다. "주 예수 그리스도님, 저희는 전 세계에 있는 당신의 모든 성당에서 당신을 흠숭하며, 당신의 거룩한 십자가로 세상을 구속하셨기에 당신을 찬양하나이다."(「유언」 4-5)

....

수도자는 기도 중에 하느님께서 오시면 '주님, 당신은 비록 제가 죄인이고 부당한데도 하늘로부터 이와 같은 위로를 보내셨습니다. 그래서 저는 제가 단지 당신의 보물을 훔친다는 것을 알고 있기 때문에 그것을 당신이 간직하시도록 맡깁니다'라고 말해야 하오. 기도 시간을 마치고 나올 때 그와 같은 사람은 죄인과 같이 보여야 하며 마치 아무런 새로운 은혜를 못 받았다는 듯이 경멸할 만하게 보여야 합니다(「대전기」 10,4).

....

살아 계시고 진실하신 주 하느님을 찬양하고, 항상 그분께 찬미와 영광과 영예와 찬양과 온갖 선을 돌려드립시다. 아멘. 아멘. 그대로 이루어지소서. 그대로 이루어지소서(「수난 성무」, 기도).

주 하느님을 마음을 다하고 목숨을 다하고 정신을 다하고 힘과 용맹을 다하고 생각을 다하고 모든 기운과 온갖 노력과 온갖 정열과 온갖 애와 온갖 욕망과 뜻을 다하여, 우리 모두가 사랑하도록 합시다(「비인준 규칙」 23,8).

....

홀로 인자하시고 홀로 무죄하시고 홀로 순수하신 하느님 외에는 다른 아무것도, 하늘에서 함께 기뻐하고 회개하는 모든 이들과 의로운 모든 이들과 복된 모든 이들의 모든 용서와 모든 은총과 모든 영광이 그분으로 말미암아 있고 그분을 통하여 있으며 그분 안에 있는 하느님 외에는 다른 아무것도(「비인준 규칙」 23,9).

....

우리 모두는 모든 곳에서, 모든 시간과 모든 때에, 날마다 그리고 계속해서 …… 진실하고 겸손히 믿읍시다(「비인준 규칙」 23,11).

....

하느님 외에는 다른 아무것도 우리는 원하지도 말고 바라지도 말며, 다른 아무것도 마음에 들어 하지도 즐거워하지도 맙시다(「비인준 규칙」 23,9).

우리는 충만한 선, 모든 선, 완전한 선, 참되시고 으뜸선이신 우리 하느님 …… 홀로 선하시고 홀로 자비로우시고 홀로 양순하시고 홀로 부드러우시고 홀로 감미로우신 하느님 …… 홀로 거룩하시고 홀로 정의로우시고 홀로 진실하시며 홀로 올바르신 하느님 (「비인준 규칙」 23,9).

약전

1182: 성 프란치스코가 아씨시에서 피에트로 베르나르도네와 피카 부인 사이에서 태어났다.

1193: 성 클라라가 아씨시에서 오프레두초Offreduccio 가문의 파바로네 Favarone와 오르톨라나Ortolana 사이에서 태어났다.

1198: 아씨시 시민들이 황제 통치권의 상징으로 도시 위에 우뚝 솟은 요새인 로카 마조레Rocca Maggiore를 파괴한다.

1199-1200: 아씨시의 내전으로 코뮌이 설립되었다.

1202(11월): 페루자와 아씨시가 전쟁했다. 아씨시가 콜레스트라다 마을 근처의 성 조반니 다리Ponte San Giovanni에서 패배한다. 이 전투에 참전했던 프란치스코는 페루자에서 1년 동안 전쟁 포로로 있었다.

1203-1204: 프란치스코가 석방되어 아씨시로 돌아왔다. 그는 1204 년에 아씨시의 집에서 오랫동안 병을 앓았다.

1205(봄): 프란치스코는 로마 남쪽의 아풀리아에서 교황군에 합류하기로 한다. 그는 이웃 마을인 스폴레토 계곡에서 자던 중 꿈에서 '아씨시로 돌아가라'는 말을 듣고 아씨시로 돌아왔다.

1205(가을): 성 다미아노의 십자가가 프란치스코에게 말한다. "너도

내 집이 허물어져 가는 것을 보고 있지 않으냐? 그러니 가서, 내 집을 수리해다오." 프란치스코는 아버지의 옷감을 폴리뇨로 가져가 팔았다. 그는 그 돈을 성 다미아노의 사제에게 주지만, 그 사제는 프란치스코의 아버지가 두려워서 그것을 거부한다.

1206(초기): 프란치스코의 아버지는 돈을 돌려받기 위해 그를 주교의 법정으로 데려갔다. 프란치스코는 주교와 모여 있는 시민들 앞에서 옷을 포함한 소유물을 아버지에게 돌려주고, 아버지와의 관계를 끊은 다음 굽비오로 떠나 그곳에서 친구를 방문하고 나병 환자들을 돌본다.

1206(여름과 가을): 프란치스코는 은수자의 옷을 입고 아씨시로 돌아와 성 다미아노 성당을 수리하기 시작한다.

1206-1208(2월): 프란치스코가 성 다미아노 성당, 성 베드로의 작은 성당(현재는 남아 있지 않음)과 포르치운쿨라(천사들의 성모 마리아) 성당을 수리한다.

1208(2월 24일): 프란치스코가 포르치운쿨라에서 성 마티아 사도 축일 복음을 듣고 복음적 가난을 받아들인다. 그는 허리띠를 버리고 새끼줄로 허리를 묶었다. 그는 설교를 시작했다.

1208(4월 16일): 퀸타발레의 베르나르도와 베드로 카타니가 프란치스코에게 합류한다. 4월 23일 에지디오가 합류한다.

1208(여름): 세 형제가 더 합류한다.

1209(봄): 프란치스코 동료의 수가 11명으로 늘어났다. 프란치스코는 단순한 생활양식을 작성하여 로마로 갔고, 교황 인노첸시오 3세가 프란치스코의 생활양식을 구두로 승인하였다. 형제들은 아씨시로 돌아와 리보토르토Rivotorto에 정착한다.

1209 또는 1210: 형제들이 아씨시 아래 평원의 리보토르토 근처에 있는 천사들의 성모 마리아 성당으로 거처를 옮긴다. 프란치스코는 그 성당을 작은 몫을 의미하는 "포르치운쿨라"라고 불렀다.

1211: 프란치스코는 시리아로 갈 계획을 세웠지만, 폭풍을 만나 계획이 무산된다.

1212(3월 18일 또는 19일): 최초의 프란치스칸 여성인 성 클라라가 포르치운쿨라에서 회개 생활로 받아들여졌다. 그녀는 우선 바스티아Bastia에 있는 성 바오로의 베네딕토 수녀원으로 갔다가, 5일 후 아씨시 근처에 있는 회개한 여성들의 집인 판조Panzo의 성 안젤로로 거처를 옮겼다. 몇 주 후 아씨시의 귀도 주교는 성 다미아노 성당을 클라라와 그녀의 동생인 아녜스와 이후에 합류한 그녀의 동료를 위한 수도원으로 제공했다.

1215(11월): 프란치스코가 제4차 라테란 공의회 기간에 로마에 체류했다. 그는 이때 성 도미니코를 만났다.

1213-1215: 형제들의 선교 여행. 프란치스코는 스페인으로 갔다.

1216(7월 16일): 교황 인노첸시오 3세가 사망하고, 후임으로 호노리오 3세가 선출되었다.

1216(여름): 호노리오 3세가 포르치운쿨라 전대사를 부여했다.

1217(5월 5일): 포르치운쿨라 총회에서 첫 번째 선교사 형제들이 알프스 이북과 지중해 건너편으로 파견된다.

1219(5월): 첫 프란치스칸 순교자들이 모로코로 떠났다. 프란치스코는 배를 타고 이집트의 다미에타로 향했다.

1219(가을): 프란치스코는 20일 넘게 술탄 말릭-알-카밀과 만났다. 둘은 친구가 되었다.

1220: 프란치스코가 이탈리아로 돌아와 수도회의 총봉사자직을 사임했다. 베드로 카타니가 총봉사자 대리가 되었다.

1221: 베드로 카타니가 사망하고, 그 후임으로 엘리아 형제가 임명되었다.

1221: 교황 호노리오 3세가 '회개의 형제자매회'(현 재속프란치스코회)의 회칙을 인준했다.

1223(11월 29일): 호노리오 3세가 성 프란치스코의 수도규칙을 인준했다.

1223(성탄): 프란치스코가 그레치오에서 구유를 만들어 성탄 축일을 생생하게 경축했다.

1224(8월 12일-9월 29일): 9월 29일 성 미카엘 대천사 축일을 준비하며 단식하던 프란치스코가 십자가 현양 축일인 9월 14일경에 거룩한 오상을 받았다.

1225(초기): 프란치스코는 아씨시로 돌아와 성 다미아노 수도원 옆에 성 클라라가 그를 위해 지은 움막에 머물렀다.

1225(3월-5월): 프란치스코가 성 다미아노에서 "피조물의 찬가"를 지었다. 그의 눈병이 악화하였다.

1225(7월): 엘리아 형제와 우골리노 추기경(후에 그레고리오 9세가 됨)의 권유로 프란치스코는 눈병을 치료하기 위해 리에티Rieti 근처의 폰테 콜롬보Fonte Colombo로 갔다.

1225: 프란치스코는 "피조물의 찬가"에 용서와 평화에 관한 연을 추가하고 한 형제에게 수정한 찬가를 불화 중인 아씨시의 주교와 시장에게 가서 부르라고 요청했다. 두 사람은 화해했다.

1226(8월-9월 초): 프란치스코는 건강이 악화하여 아씨시의 주교 관저로 옮겨졌다.

1226(9월): 자신이 곧 죽을 것을 알고 프란치스코는 포르치운쿨라로 옮겨달라고 요청했다. 그는 도시를 떠나면서 아씨시를 축복했다.

1226(10월 3일): 프란치스코가 포르치운쿨라에서 죽음을 맞이했다. 그는 다음날 아씨시의 성 조르조Giorgio 성당에 묻혔다. 이곳은 오늘날 성 클라라 대성당이 자리하고 있다.

1227(3월 19일): 우골리노 추기경이 그레고리오 9세라는 이름으로 교황으로 선출되었다.

1228(7월 16일): 그레고리오 9세 교황이 성 프란치스코를 시성하였다.

1230(5월 25일): 성 프란치스코의 유해가 성 조르조 성당에서 그를 기리기 위해 건축된 새로운 대성당으로 옮겨져 안치되었다.

1253(8월 11일): 성 클라라가 성 다미아노에서 죽음을 맞이하고, 성 프란치스코의 시신이 처음 묻힌 성 조르조 성당에 묻혔다.

1255(8월 12일): 알렉산더 4세 교황이 로마 남쪽의 아낙니Anagni에서 성 클라라를 시성했다.

약어

프란치스코의 글

「권고」	「권고들」
「봉사자 편지」	「어느 봉사자에게 보낸 편지」
「비인준 규칙」	「인준받지 않은 수도규칙」
「수난 성무」	「주님의 수난 성무일도」
「1신자 편지」	「신자들에게 보낸 편지 1」
「2신자 편지」	「신자들에게 보낸 편지 2」
「십자가 기도」	「십자가 앞에서 드린 기도」
「유언」	「유언」
「인준 규칙」	「인준받은 수도규칙」
「주님 기도」	「"주님의 기도" 묵상」
「지도자 편지」	「백성의 지도자들에게 보낸 편지」
「형제회 편지」	「형제회에 보낸 편지」

프란치스코의 전기

가난 교제	『가난 부인과 성 프란치스코와의 거룩한 교제』
대전기 보나벤투라	『성 프란치스코의 대전기』
세 동료	『세 동료들의 전기』
아씨시 편집본	『아씨시의 편집본(페루자 전기)』
완덕의 거울	『작은 형제의 완덕의 거울』
익명의 페루자	『수도회의 기원 혹은 창설에 대하여』
잔꽃송이	『성 프란치스코의 잔꽃송이』
1첼라노	토마스 첼라노, 『성 프란치스코의 생애 제1생애』
2첼라노	토마스 첼라노, 『성 프란치스코의 생애 제2생애』

미주

1 역주: 프란치스코의 글은 『아씨시 프란치스코와 클라라의 글』(프란치스칸 사상연구소 프란치스칸 원천 01), 프란치스코출판사, 서울 2014에서 인용했다.

2 역주: 토마스 첼라노, 『아씨시 성 프란치스코』는 이재성 옮김, 프란치스코출판사, 서울 2023에서 인용했다. 292-293쪽.

3 역주: 작자 미상, 『완덕의 거울』은 한규희 옮김, 꼰벤뚜알 프란치스코 수도회 한국 관구 펴냄, 2020에서 인용했다. 282-283쪽.

4 역주: 성 보나벤투라, 『성 프란치스코의 대전기』는 『보나벤뚜라에 의한 아씨시의 성 프란치스코 대전기』, 권숙애 옮김, 꼰벤뚜알 프란치스꼬회 펴냄, 분도출판사, 2005에서 인용했다. 27쪽.

5 역주: 「아씨시의 편집본(페루자 전기)」, 『omnibus』는 『성 프란치스코 전기 모음』, 작은형제회 한국 관구 엮음, 2016에서 인용했다. 293-294쪽.

6 역주: 작자 미상, 『가난 부인과 성 프란치스코와의 거룩한 교제』는 이재성 보나벤투라 옮김, 프란치스코출판사, 2022년 2판을 사용한다. 41-43쪽.

7 토마스 첼라노, 「제1생애」 84, 186-187쪽.

8 토마스 첼라노, 「제2생애」 91, 152-153쪽.

9 2018년 1월 24일에 발표한 교황 프란치스코의 홍보 주일 담화문 중에서.

10 성 보나벤투라, 같은 책, 128-129쪽.

11 역주: 저자는 성 프란치스코와 퀸타발레의 베르나르도를 둘 다 신흥 계급 출신으로 말하는데, 성 프란치스코의 전기 작가인 토마스 첼라노는 베르나르도를 아씨시에서 귀족 가문이었고 부유층에 속했다고 말한다: 토마스 첼라노, 「제1생애」, 24, 102쪽 참조.

12 역주: 저자는 굽비오의 스파다룬가를 옷감 장수로 말하는데, 성 프란치스코의 전기 작가인 토마스 첼라노는 그를 백작으로 말한다: 토마스 첼라노, 「제1생애」, 16, 90쪽 참조.

13 교황 프란치스코의 2013년 성유축성미사 강론에서.

14 역주: 「세 동료들의 전기」는 『성 프란치스코 전기 모음』, 작은형제회 한국 관구 엮음, 2016에서 인용했다. 128쪽.

15 역주: 윌리엄 블레이크, 『윌리엄 블레이크의 시집』(순수와 경험의 노래)에서, 「런던」은 한국어판 윌리엄 블레이크, 『블레이크 시선』, 서강목 옮김, 지식을 만드는 지식, 2012를 참고했다. 82쪽 참조.

16 블레이크, 위의 책 75쪽 참조.

17 토마스 첼라노, 「제2생애」 165.

18 토마스 첼라노, 「제1생애」 80-81 참조.

19 『제라드 맨리 홉킨스의 시』, 뉴욕과 런던: 옥스퍼드대학 출판사, 1948, 70쪽.

20 요한 둔스 스코투스, 『Parisiensia』, III, vii, 4.

21 역주: 이냐시오 실로네, 『Bread and Wine in The Abruzzo Trilogy』는 한국어판, 이냐시오 실로네 소설, 『빵과 포도주』, 최승자 옮김, 고래의 노래, 2017을

참고하여 인용했다. 454쪽.

22 프란치스칸 원천, 1503쪽.

23 역주: 머레이 보도, 『프란치스코 여행과 꿈』은 한국어판, 머레이 보도, 『프란치스코 여행과 꿈』, 홍윤숙 옮김, 2013, 성바오로출판사를 참고하여 인용했다. 105-106쪽.

24 알렉산더 길크리스트, 『윌리엄 블레이크의 생애』, 미니올라, 뉴욕, 도버 출판사, 2017, 3쪽.

25 아놀도 포르티니, 『아씨시의 프란치스코』, 뉴욕, Crossroad, 1981, 550쪽.: 한국어판 『성 프란치스코의 잔꽃송이』, 분도출판사, 235쪽 참조..

26 로잘린드 브룩, 『성 프란치스코의 이미지: 13세기의 성인에 대한 응답』, 케임브리지, 케임브리지 대학 출판사, 2006, 15-16쪽.

27 역주: 알리기에리 단테, 『신곡』, 천국편 제33곡 82-103은 한국어판, 최민순 옮김, 가톨릭출판사, 2013, 689-691쪽에서 인용했다.

28 역주: A. 아우구스티누스, 『고백록』, 10권. 27장은 한국어판, 최민순 역, 2014년, 3판 13쇄, 바오로딸출판사, 430-431쪽에서 인용했다.

29 시에나의 성 베르나르디노와 카살레의 우베르티노가 성 프란치스코의 기도로 간주했다.: 프란치스꼬회 한국 관구 옮겨 엮음, 『아씨시의 성 프란치스꼬와 성녀 글라라의 글』, 분도출판사, 190쪽.

30 알리기에리 단테, 『신곡』, 천국편 제11곡 58-63; 최민순 옮김, 395-396쪽 참조.

31 『가난 교제』, 5, 19쪽.

32 『고백록』, 위의 책 1권. 1장, 최민순 역, 30쪽.

33 시몬 베유, 『신을 기다리며』, 뉴욕, 하퍼 콜린스, 2001. 한국어판, 시몬 베유 지음, 『신을 기다리며』, 이세진 옮김, 이제이북스, 2015, 109-110쪽을 참조했다.

34 프란츠 카프카, 『The Blue Octavo Notebooks』, Max Brod, (Cambridge: MA: Exact Change, 1991), 39쪽.